EDIÇÕES VIVA LIVROS

151 dicas essenciais para lidar com pessoas difíceis

Carrie Mason-Draffen reside em Nova York e é colunista de negócios e especialista em conflitos no ambiente de trabalho. Colaboradora do jornal *Newsday* há mais de dez anos, escreve com base em sua vasta experiência em solucionar as dúvidas de centenas de leitores e a partir de entrevistas com especialistas da área jurídica e de recursos humanos. Também é professora de redação jornalística e mídias sociais no curso de jornalismo da Adelphi University.

Carrie Mason-Draffen

151
DICAS ESSENCIAIS

para lidar com pessoas difíceis

Tradução de
VALERIA CHAMON OSBORNE

1ª edição

viva livros
RIO DE JANEIRO – 2015

CIP-BRASIL. CATALOGAÇÃO NA FONTE
SINDICATO NACIONAL DOS EDITORES DE LIVROS, RJ

M368c
1ª ed.
Mason-Draffen, Carrie, 1951-
    151 dicas essenciais para lidar com pessoas difíceis /
Carrie Mason-Draffen; tradução Valeria Chamon Osborne. – 1ª ed.
Rio de Janeiro: Viva Livros, 2015.
12 × 18 cm.

Tradução de: 151 Quick Ideas to Deal with Difficult People
ISBN 978-85-8103-088-3

1. Administração de pessoal. 2. Administração de empresas. I. Título.

14-16593
CDD: 658.4092
CDU: 65:316.46

151 dicas essenciais para lidar com pessoas difíceis, de autoria de Carrie Mason-Draffen.
Título número 085 da Coleção Viva Livros.
Primeira edição impressa em junho de 2015.
Texto revisado conforme o Acordo Ortográfico da Língua Portuguesa.

Título original norte-americano:
151 QUICK IDEAS TO DEAL WITH DIFFICULT PEOPLE

151 QUICK IDEAS TO DEAL WITH DIFFICULT PEOPLE © 2007 Carrie Mason-Draffen.
Original English language edition published by Career Press, 220 West Parkway, Unit 12, Pompton Plains, NJ 07444, USA. All rights reserved.
Copyright da tradução © by Editora Best Seller Ltda.

www.vivalivros.com.br

Design de capa: Sérgio Campante.

Todos os direitos reservados. Proibida a reprodução, no todo ou em parte, sem autorização prévia por escrito da editora, sejam quais forem os meios empregados.

Direitos exclusivos de publicação em língua portuguesa para o Brasil em formato bolso adquiridos pela Editora Best Seller Ltda. Rua Argentina 171 – 20921-380 – Rio de Janeiro, RJ – Tel.: 2585-2000 que se reserva a propriedade literária desta tradução.

Impresso no Brasil

ISBN 978-85-8103-088-3

Como usar este livro

Todas as dicas sugeridas neste livro foram selecionadas para ajudá-lo a enfrentar conflitos e atuar como mediador em discussões, incentivar a comunicação e acabar com especulações, e identificar e resolver problemas antes que eles ocorram.

Não tente implementar todas as 151 dicas de uma só vez, pois algumas não serão apropriadas para o momento. Leia todas elas e escolha apenas aquelas que, de fato, puderem fazer diferença agora.

Classifique as dicas da seguinte forma:

- Pôr em prática imediatamente.
- Revisar em 30 dias.
- Repassar a dica para _____.

Envolva sua equipe na seleção e na implementação dessas ideias e não se esqueça de dar a ela o devido crédito pelo sucesso! Adquira outros exemplares deste livro e distribua-os entre o seu pessoal. Promova a participação de todos na hora de selecionar e recomendar as dicas.

Consulte este livro a cada 90 dias. À medida que sua empresa for crescendo, você vai encontrar novas ideias que poderão se adequar melhor ao aumento da concorrência.

Lembre-se: todas as sugestões apresentadas foram aplicadas com sucesso em empresas ao redor do mundo. Elas funcionaram para outras pessoas e também vão funcionar para você!

1
Estabeleça uma política de tolerância zero

Quando se trata de funcionários problemáticos, o recurso mais eficiente é a política de tolerância zero. Estabelecer e seguir essa política assegura que você resolverá o problema do comportamento inadequado de maneira sistemática e decisiva.

Uma grande empresa de Nova York mencionou sua política de tolerância zero em defesa própria contra um processo de assédio sexual movido por uma funcionária. A empresa, entretanto, não seguia as próprias regras, e uma agência federal decidiu em favor da funcionária.

> **Tarefa**
>
> Crie uma versão de bolso de sua política de tolerância zero para levar na carteira. Distribua cópias plastificadas aos funcionários.

Sua política de tolerância zero precisa deixar claro que as regras se aplicam a todos, desde os diretores até os porteiros. Essa política exige que todas as acusações de comportamento inadequado sejam divulgadas, ainda que envolvam o seu vendedor mais brilhante.

Você deve se certificar de que todos na empresa conheçam essa política. Distribua cópias e exija que os funcionários assinem o documento de confirmação de recebimento.

Peter Handal, presidente e CEO da Dale Carnegie Training de Hauppauge, em Nova York, comentou que é importante comunicar as políticas de tolerância de diversas formas: em um manual, por e-mail e em reuniões. Handal recomenda rever a política pelo menos a cada seis meses.

"Se você fala de assuntos como esse apenas uma vez por ano, as pessoas não dão a devida importância", comenta Carnegie. "Pode soar repetitivo, mas é assim que a mensagem é absorvida."

> A política de tolerância zero é como uma bússola moral. Se você ignorar a direção para a qual ela está apontando, ficará perdido.

2
Não deixe que pessoas difíceis definam as regras do escritório

Kathy supervisiona a equipe de suporte de uma empresa de porte médio. Ela se aconselhou comigo porque estava perdendo a paciência com uma secretária rebelde. A funcionária estabelecera um horário próprio. Todo dia batia o ponto de chegada às 9h30, meia hora depois do início do expediente. E batia o ponto de saída às 17h30, meia hora depois do horário de encerramento.

Para piorar a situação, a funcionária passava a última meia hora do turno batendo papo. Kathy a orientou por várias vezes a bater o ponto de saída quando terminasse o trabalho. Mas a funcionária ignorava as solicitações e continuava a fofocar até seu horário "pessoal" de encerramento. Certo dia, Kathy ameaçou bater o ponto por ela. E a funcionária respondeu: "Isso é ilegal." Ela estava certa.

> **Tarefa**
>
> Se você tem dificuldade de cortar pela raiz hábitos de trabalho improdutivos no seu escritório, recorra imediatamente à ajuda de um especialista.

A situação se complicou ainda mais quando outros funcionários começaram a seguir seu exemplo. Kathy quis demiti-la, mas o dono da empresa recusou o pedido alegando que ela era "competente". Kathy estava perdendo o cabo de guerra emocional.

Mesmo assim, ela quis recuperar o controle da situação. E procurou ajuda. Informei a ela que, como a secretária era paga por hora e estava claramente embromando após o expediente oficial, a empresa não precisaria remunerá-la por esse tempo. Afinal, a empresa não a estava forçando a trabalhar além do horário. A conversa da funcionária tornou-se barata e até mesmo gratuita para Kathy.

Kathy precisou manter registros detalhados para explicar a discrepância entre o relógio de ponto e o pagamento da funcionária, apenas para o caso de a insubordinada fazer uma queixa ao Ministério do Trabalho. Após toda essa batalha, até mesmo a papelada administrativa vai fazê-la sentir-se aliviada.

> Quando funcionários problemáticos reinterpretam as práticas do seu escritório, o espaço deixa de ser seu e passa a ser deles.

3
Aprenda a lidar com funcionários difíceis

Você não precisa fazer faculdade de psicologia para aprender a lidar com funcionários problemáticos. Mas se beneficiará se tiver determinados conhecimentos.

Nos últimos anos, vários executivos de renome acusados de corrupção alegaram não ter participado da infração cometida por seus subordinados. Esses executivos que alegam "não saber de nada" provaram de maneira espetacular o risco que um gerente mal-informado corre com funcionários problemáticos.

Tarefa
Leia este livro e aplique no seu ambiente de trabalho os conhecimentos adquiridos. Complemente seus conhecimentos com livros indicados nas listas de títulos mais vendidos de negócios publicadas nos jornais ou na internet.

Eles podem arruinar sua empresa, afastar clientes e perturbar a dinâmica do escritório. Se você está confuso e não sabe como enfrentar esses problemas, deve adquirir alguns conhecimentos. Participe de um seminário sobre como resolver conflitos entre funcionários, leia livros sobre o tema e pesquise informações na internet.

Mesmo que tenha decidido buscar aconselhamento jurídico, você terá mais benefícios se for ao encontro preparado. Gestores eficientes procuram se aprofundar nos assuntos que não dominam para ter certeza de que farão as perguntas certas.

Se a falta de tempo está impedindo você de ser proativo em assuntos relacionados a recursos humanos, comece com o livro *The Little Guide to Your Well-Read Life* [O pequeno guia da boa leitura] de Steve Leveen. Este livro oferece estratégias para encontrar títulos interessantes, avaliá-los rapidamente e absorver seus conhecimentos. A boa leitura é uma ótima maneira de investir em seus funcionários, em sua empresa e em você mesmo.

> "A ignorância é uma bênção", diz o ditado. Mas isso não vale para problemas com sua equipe.

4
Não espere a Festa do Chá de Boston*

Se um funcionário pedir a sua ajuda no relacionamento com um colega difícil, investigue o problema imediatamente e, em seguida, proponha uma solução. Pior do que um funcionário problemático é um gestor que não resolve os conflitos internos do escritório. Ele não enfrenta intimidadores nem sabotadores. Acredita que tanto os problemas como as pessoas se corrigem sozinhos.

> **Tarefa**
>
> Se um funcionário pedir a sua intervenção em uma discussão, não o deixe esperando. Marque uma data para uma reunião de acompanhamento assim que for possível.

Se você não tomar uma atitude, vai agravar o problema e, o que é pior, perder a credibilidade dos seus subordinados. Caso o problema envolva uma equipe, os membros podem tentar resolver a situação sozinhos, como os colonos que

---

*Em inglês, *Boston Tea Party*. Evento-chave no desenrolar da Revolução Americana (1773), a Festa do Chá de Boston foi uma ação de protesto contra o governo britânico desencadeada por colonos ingleses que viviam nos Estados Unidos. Grandes quantidades de chá que pertenciam à Companhia Britânica das Índias Orientais foram atiradas no Porto de Boston. (*N. do E.*)

fizeram a Festa do Chá de Boston, mais de duzentos anos atrás, porque o rei George se recusou a resolver o problema da tributação sem representação. Se a sua reputação for a de um chefe sem iniciativa, os rebeldes do escritório se recusarão a cooperar. Também se recusarão a continuar realizando o trabalho extra que, por sinal, pode ter conferido a você a promoção à gerência. Na pior das hipóteses, os funcionários furiosos recorrerão ao seu chefe em busca de alívio. Se isso acontecer, a exemplo do que aconteceu ao rei George, que teve de renunciar às colônias, sua força será abalada para sempre.

Nenhuma empresa precisa de um gestor que não gerencia. Essa atitude prejudica a motivação e a produtividade. Por isso, quando as reclamações chegarem, pegue uma xícara de café e elabore um plano de ataque.

> Parafraseando a célebre frase: "O tempo e a ocasião não esperam pelos gestores."

5
Aprenda a escutar

No Dia dos Pais, a pastora da minha igreja fez um sermão exaltando seu pai por ajudá-la a sair de uma situação difícil. Um seminário religioso oferecera-lhe uma bolsa de estudos integral, mas ela visitou o campus e achou o lugar desinteressante. Sua primeira opção era uma universidade de prestígio com um campus movimentado, onde os alunos participavam de animados debates. Para estudar lá, ela teria de pagar pelo curso com crédito educativo. Como não queria estar coberta de dívidas depois da formatura, achou que sua única opção seria aceitar a oferta da universidade menos atraente.

> **Tarefa**
> Quando um funcionário estiver falando sobre um conflito com algum colega, faça anotações para se manter mentalmente focado na conversa, e não na sua próxima reunião.

Quando contou ao pai sobre sua escolha, ele lhe apresentou outra situação. Se ela frequentasse a universidade de prestígio, teria mais probabilidade de conseguir um emprego bem-remunerado quando se formasse. Isso lhe permitiria pagar o crédito educativo. Ela ficou animada com a ideia. Pegou o financiamento, frequentou a universidade e conseguiu, de fato, um ótimo emprego.

Seu pai soube escutar. Ele não a julgou. Apenas ouviu o que ela tinha a dizer e, com delicadeza, sugeriu uma possibilidade que ela não havia considerado.

Os bons gestores têm essa mesma função. Não julgam quando um funcionário busca aconselhamento para resolver um conflito. Eles ajudam os subordinados a olhar o problema por outro ângulo.

Essa atitude imparcial será muito útil em reuniões individuais tensas com funcionários. Quando você os escutar, eles saberão que você os está levando a sério. Dificilmente questionarão isso.

> "Ouvir é um dos cinco sentidos do corpo. Mas escutar é uma arte." *Frank Tyger*, cartunista.

6
Elabore uma solução em conjunto

Tenho filhos adolescentes e sei que a negociação sempre vem antes da persuasão. Se permito que eles elaborem as regras, é mais provável que as aceitem. Tratá-los com superioridade não funciona com essa faixa etária naturalmente propensa à rebeldia.

> **Tarefa**
>
> Se um plano de ação corretivo está repleto de ideias suas, abra espaço para mais contribuições dos funcionários. Esta deve ser a "Declaração de Interdependência" deles, não a sua.

Os adolescentes não são o único grupo em que a estratégia das partes interessadas funciona. Os funcionários apoiarão uma política se tiverem influência sobre ela. Se você tratar os encrenqueiros do escritório com superioridade, perpetuará ou agravará o problema.

Peça a opinião dos funcionários desde o início, antes de estabelecer um plano de ação corretivo. Talvez você não se sinta confortável com essa atitude e ache que estaria se rendendo. Mas agir como um ditador também não trará as mudanças de comportamento que você está buscando.

No livro *Não diga aos outros o que fazer*, David Rock afirma que "deixar que as pessoas cheguem às próprias conclusões quando algo dá errado é mais confortável para todos, e é mais provável que produza o resultado desejado por todos: aprendizado e mudança de comportamento na próxima vez".

Então, pergunte aos preguiçosos que novas estratégias adotarão para chegar ao trabalho no horário e o que você pode fazer para ajudar. Você os estará capacitando a pensar e trabalhar de maneira mais proveitosa para todos.

> Para conquistar o coração e a mente dos funcionários, dê voz a eles.

7
Acompanhe a execução de um plano de ação

"Visões que permanecem no mundo das ideias são aquelas que foram mal executadas", afirma John Baldoni no livro *How Great Leaders Get Great Results* [Como grandes líderes obtêm grandes resultados]. No que diz respeito à mudança de comportamento de um funcionário, um plano executado de forma inadequada ou que nem sequer chegue a ser realizado não passa de um pensamento ilusório.

> **Tarefa**
> "O que é medido, é feito." Use este princípio como inspiração.

Uma vez que você e um funcionário estabeleçam um plano de ação corretivo, monitore a execução desse plano de forma estratégica. A melhor maneira é por meio de reuniões de acompanhamento. Conversar cara a cara é a melhor atitude. Um funcionário pode disfarçar seu progresso em um relatório. Reúna-se regularmente com ele para avaliar sua produção.

Procure fazer reuniões semanais após a crise e, à medida que o funcionário progredir, passe a programar reuniões menos frequentes. Faça reuniões curtas e objetivas. Solicite informações atualizadas sobre as novas estratégias. De vez em quando procure marcar as reuniões durante uma pausa para o café ou no horário de almoço, a fim de garantir que elas ocorram. O tempo é um dos recursos mais preciosos para um empresário, que com frequência precisa realizar duas atividades simultaneamente para alcançar suas metas.

As reuniões de acompanhamento transmitem a mensagem de que você dá importância a um plano de ação e deseja obter resultados. E deixa claro que é isso que você espera que aconteça.

> A menos que você o execute, um plano não passa de rascunho.

8
Que traço de personalidade está em questão?

Quando meu filho estava no ensino fundamental tentei usar de coerção para que ele se lembrasse de entregar o dever de casa. Recorri ao grito e suspendi seus privilégios.

Estava reagindo à minha total frustração. Corrigia o dever de casa toda noite e estava certa de que ele o entregava no dia seguinte. Por isso, quando a professora me disse que as notas dele estavam baixando porque ele não entregava o dever de casa, empalideci.

> **Tarefa**
>
> Siga o conselho de Dale Carnegie e procure entender as motivações dos comportamentos problemáticos dos funcionários.

Exigi que ele me explicasse o motivo. Ele disse que não conseguia achá-lo quando a professora pedia. Achei que a desculpa fosse fajuta e proibi o videogame e a televisão.

O problema persistiu até que li um artigo com trechos do livro do Dr. Mel Levine, *Educação individualizada*, que aborda as diversas formas de aprendizado das crianças com base na maneira como percebem a realidade. Aprendi que meu filho sofria de "disfunção no controle de objetos". Diante do conteúdo desordenado da mochila, ele se sentia incapaz de achar algo nela. Consultei o psicólogo da escola e concordamos que, após ajudá-lo a fazer o dever de casa, eu deveria auxiliá-lo a organizar a mochila com os livros para o dia seguinte. O problema do dever de casa foi resolvido.

A moral da história também vale para situações vividas em um escritório. Quando você entende o comportamento de um funcionário difícil, consegue encontrar soluções mais duradouras. Dale Carnegie expressa isso de maneira brilhante em seu livro *Como fazer amigos e influenciar pessoas*: "Existe uma razão para o outro agir de um determinado modo. Descubra essa razão oculta e terá a chave das suas ações, e talvez de sua personalidade."

> "Não se é líder batendo na cabeça das pessoas – isso é ataque, não liderança." *Dwight Eisenhower*, ex-presidente dos Estados Unidos.

9
Certifique-se de que o funcionário entende o que é dito

Às vezes, a versão de meus colegas sobre uma reunião de equipe é tão diferente da minha que chego a me perguntar se participamos da mesma reunião. Na essência, nossas suposições e interpretações produziram as mensagens conflitantes. É por isso que as perguntas de acompanhamento são tão importantes. Elas permitem que um gerente esclareça ambiguidades.

> **Tarefa**
> Anote "D e R" em um pedaço de papel para se certificar de que todas as suas conversas com funcionários difíceis se baseiem em um processo de Dar e Receber.

Ao lidar com um funcionário problemático, ambiguidade é algo que você deve evitar a todo custo. A pessoa sabe que chegar ao trabalho no horário significa estar às 9 horas na mesa de trabalho e não entrando no estacionamento? Ela sabe que o trabalho envolve mais tarefas do que aquelas em que ela deseja se concentrar?

Comunicação clara é uma questão de dar e receber. Incentive o funcionário a fazer perguntas durante uma reunião individual para abordar suas preocupações em relação ao desempenho dele. Você também deve fazer perguntas ao funcionário. Avalie se ele entendeu o que você expôs pedindo que expresse sua opinião. Ao fim da reunião, faça um resumo dos pontos principais e envie um memorando de acompanhamento da conversa documentando esses pontos.

Poupe tempo, esforço e frustração certificando-se de que o funcionário entende suas expectativas.

> A ambiguidade nunca é o objetivo da comunicação, mas, com frequência, é o resultado.

10
Experimente o bom humor

É uma pena que os médicos não prescrevam uma dose diária de risos para trabalhadores. Muitos de nós poderiam ter o bom dia que todos nos desejam.

Estudos mostram que, em geral, os contatos são mais tranquilos, duram mais, criam mais resultados positivos e melhoram sensivelmente o relacionamento quando você usa o sorriso regularmente, a ponto de torná-lo um hábito. É o que afirmam os autores Allan e Barbara Pease no livro *Desvendando os segredos da linguagem corporal*.

> **Tarefa**
>
> Para inspiração, siga este provérbio irlandês: "Uma bela gargalhada e uma boa noite de sono são os melhores remédios no livro dos médicos."

Inclua doses criteriosas de humor nas suas conversas. Em um diálogo tenso com um funcionário, use o humor para descontrair. O humor também é ótimo para iniciar uma conversa difícil quando você não sabe por onde começar.

Mas há uma séria advertência. Nunca use-o para ridicularizar o funcionário nem exagere na dose. Caso contrário, ele poderá pensar que você está ensaiando uma comédia.

No entanto, em porções adequadas, o humor pode ser muito salutar.

> Um toque de humor favorece até mesmo as conversas mais sérias.

11
Acredite que as pessoas podem mudar

É evidente que, se você acredita que seus colaboradores podem mudar, isso aumenta a probabilidade de que eles efetivamente mudem. Por isso, se você acredita que isso é possível, diga a eles. Como uma bebida energética, suas palavras de incentivo levantam o ânimo dos funcionários.

Mudar é difícil. Quando um subordinado tenta sair de uma condição negativa para uma positiva, ele luta contra hábitos profundamente arraigados. Essa batalha gera ansiedade. Compense isso com um voto de confiança quando o colaborador demonstrar comportamento responsável. Fale pessoalmente ou deixe um recado para ele.

O consultor em gestão John Maxwell aconselha os líderes a representar o papel do "profeta positivo" perante seus funcionários para garantir sucesso.

"As pessoas precisam ouvir você dizer que crê nelas e quer que sejam bem-sucedidas", afirma Maxwell em *Leadership 101: What every leader needs to know* [Conceitos básicos de liderança: o que todo líder precisa saber].

> **Tarefa**
>
> Deixe um recado ou envie um e-mail de agradecimento hoje para um funcionário que tiver demonstrado melhora no comportamento.

Expanda essa rede de enaltecimento transmitindo os comentários positivos que você receber dos colegas que tiverem percebido ou se beneficiado com a mudança de atitude do funcionário. A recompensa para você é a satisfação de participar da transformação de tantos aspectos negativos em positivos.

> "Não importa a idade da mãe – ela sempre olhará para seus filhos de meia-idade procurando sinais de crescimento." *Florida Scott-Maxwell*, escritora.

12
Agradeça pela cooperação

Minha família sempre me agradece quando gosta da refeição que preparo. Embora cozinhar seja a minha função (sou a *chef* da família), a gratidão deles me inspira a continuar buscando novidades da culinária.

Essa mesma dinâmica funciona no escritório. Embora os funcionários sejam pagos para trabalhar, eles desejam ser valorizados. Como filósofo, William James afirma que "o mais profundo princípio da natureza humana é o desejo de ser apreciado".

No entanto, muitas empresas subestimam a força de um "obrigado". Em levantamento recente da empresa de pesquisa de opinião Gallup, menos de um terço dos trabalhadores norte-americanos concordaram com veemência que haviam recebido algum elogio de um supervisor nos últimos sete dias. Isso representa a perda de muitas oportunidades de reconhecer um bom trabalho.

> **Tarefa**
>
> Inclua "obrigado" nas suas conversas com os funcionários.

A beleza da gratidão está em inspirar os funcionários a irem além do esforço mínimo. Ela inspira aqueles que estão se aprimorando a continuar a se empenhar. Todos esses esforços fortalecem os resultados da empresa. Se um funcionário com registro de absenteísmo crônico demonstrar assiduidade durante seis meses, agradeça-lhe por isso. Isso não significa submissão, como alguns chefes podem pensar, mas uma atitude estratégica de incentivo de bons hábitos.

> A gratidão é um investimento. Se você a oferecer, colherá os dividendos.

13
Domine a arte das conversas difíceis

O momento chegou. Você precisa informar a um funcionário que o trabalho dele é inaceitável. Você começa a se sentir incomodado. Prevê uma enxurrada de contestações. Como em situações anteriores, ele alegará que todos o estão perseguindo. A situação pode ficar desagradável. Mas isso não acontecerá se você permanecer calmo.

> **Tarefa**
>
> Quando se sentir tenso em uma situação difícil, siga uma dica da ioga e concentre-se na sua respiração.

"Firme no curso" era o comando que o capitão de *Jornada nas Estrelas* dava ao timoneiro ao conduzir a Nave Estelar Enterprise pelas batalhas cósmicas. O acusador soltará o verbo. Mas logo perderá o fôlego se você demonstrar firmeza.

Vernice Givens, presidente e proprietária da V&G Marketing Associates em Kansas City, Missouri, nos Estados Unidos, demitiu uma funcionária que não tinha espírito de equipe. A funcionária reagiu com ameaças de violência. Vernice permaneceu calma. "A calma fez toda a diferença", afirma. "Basicamente, eu a deixei discutindo sozinha."

Se o funcionário se tornar insubordinado, encerre a conversa e diga que a retomará outro dia, quando a situação se acalmar. Seu objetivo é chegar a uma situação de ganho mútuo, até que um funcionário pareça irrecuperável para a sua empresa. Até esse ponto, a regra é permanecer "firme no curso".

> Quando o tempo fechar no trabalho, encontre abrigo mantendo-se calmo.

14
Treine seus gestores na arte das conversas difíceis

Mesmo que você seja um empresário atuante, seus gestores terão de enfrentar funcionários difíceis em algum momento. Dê aos supervisores treinamento sobre como conduzir conversas estressantes. Essas discussões são muito importantes para serem deixadas a cargo do destino.

> **Tarefa**
> Converse, de vez em quando, com os seus gestores para saber como lidaram com alguma situação difícil envolvendo um subordinado.

Um gestor com treinamento em resolução de conflitos não se exaspera nem diz a um funcionário algo que ele possa interpretar como discriminação ou assédio.

"Depende muito da escolha das palavras, do seu tom de voz e de você enfocar o desempenho, em vez de fazer o funcionário se sentir ameaçado", afirma Diane Pfadenhauer, proprietária da Employment Practices Advisors de Northport, Nova York.

Se a sua empresa tiver um departamento de recursos humanos, peça que esses especialistas deem o treinamento. Se você consulta regularmente um advogado trabalhista, peça que ele faça um seminário de um dia sobre como lidar com funcionários difíceis.

Um pequeno deslize pode levar uma empresa a um pesadelo jurídico. No entanto, um investimento mínimo pode impedir isso.

> Forneça aos seus gestores as ferramentas de comunicação de que eles precisam.

15
Não promova a mediocridade

A exemplo do Dr. Frankenstein, alguns empregadores criam seus próprios funcionários problemáticos.

Eles os promovem a cargos para os quais não têm as credenciais nem a experiência necessária. E fazem vista grossa para a indignação dos funcionários que precisam trabalhar mais para compensar a incompetência do novo chefe.

Os funcionários Frankenstein ascendem graças à força de suas habilidades interpessoais. Têm o dom da palavra e são excelentes em fazer contatos.

Em uma pesquisa de opinião on-line, o Human Resources Management Website perguntou a gerentes de recursos humanos por que haviam sido forçados a contratar alguém que normalmente não teriam considerado. O principal motivo, mencionado por 34 por cento dos entrevistados, foi o apadrinhamento.

> **Tarefa**
>
> Faça uma lista dos pontos fortes que você busca em um candidato. Não se afaste deles em função do charme de um entrevistado.

Mediocridade gera mediocridade. Se um gestor conseguir progredir realizando um trabalho mínimo, outros funcionários se perguntarão por que haveriam de se esforçar. E, certamente, um gestor com credibilidade zero não conseguirá persuadi-los a agir de outra forma.

O Dr. Frankenstein criou uma forma de vida que era terrível para os outros. O efeito de um Frankenstein de escritório não é muito melhor.

> Sempre procure o melhor talento. Caso contrário, sua escolha voltará para assombrar você.

16
Peça conselho a outros empresários

Você não precisa reinventar a roda no que diz respeito ao trato com funcionários difíceis. Muitas pessoas já passaram pela mesma situação. Algumas pesquisas estimam que os gestores chegam a gastar 30 por cento do tempo gerenciando conflitos. Por que não aproveitar a experiência deles?

> **Tarefa**
>
> Participe de convenções e congressos e tire dúvidas com outros profissionais da sua área sobre os problemas com sua equipe.

Aprender a lidar com funcionários problemáticos é como qualquer outro aspecto dos seus negócios. Quando deseja melhorar o marketing ou o atendimento ao cliente, você sempre procura os meios mais eficazes de alcançar a sua meta. Outro profissional pode ajudá-lo a concluir o processo com mais rapidez. No entanto, os pequenos empresários parecem relutar em buscar informações sobre questões de pessoal. Em uma pesquisa intitulada *Advice and Advisors* [Conselho e Conselheiros], a Federação Nacional de Negócios Independentes, nos Estados Unidos, constatou que pessoal e recursos humanos são os dois assuntos sobre os quais os pequenos empresários menos buscam orientação. Talvez por isso eu receba tantas cartas dos funcionários deles.

Experimente adotar outra estratégia. Peça orientação a outros profissionais nas reuniões das associações comerciais. Consulte mentores potenciais em questões de pessoal nas reuniões da associação de ex-alunos ou da câmara de comércio local. Lidar com conflitos de pessoal pode ser perigoso. Você não precisa percorrer esse caminho sozinho.

> Se conselhos são de graça, você não tem nada a perder pedindo-os.

17
Controle familiares difíceis

Sarah trabalhava como coordenadora de negócios em uma escola particular. Escolheu aquela escola porque pensou que, por ser uma empresa familiar, o ambiente seria amistoso. Havia poucas semanas que estava no novo emprego quando começou a receber e-mails inadequados e propostas do dono da escola. Foi falar com a chefe do RH. Mas a funcionária era prima do dono e disse simplesmente: "Ele é assim mesmo."

Sarah saiu do emprego e entrou com uma ação de assédio sexual. Se a chefe do RH tivesse enfrentado o primo, talvez pudesse ter conseguido evitar o processo judicial.

> **Tarefa**
>
> Peça que os familiares façam uma autoavaliação. Em seguida, avalie cada um deles e compare os dois resultados.

Você deve exigir que os familiares que trabalham na sua empresa cumpram as mesmas normas que os demais funcionários. Segundo o *Wall Street Journal*, o magnata dos meios de comunicação Ted Turner não teve dificuldade em abrir mão do filho e o demitiu durante um jantar com as palavras "você está frito".

Talvez você tenha que tomar a mesma decisão se seus familiares pensarem que têm o direito de ir trabalhar quando querem ou se simplesmente não forem qualificados para o cargo.

"A primeira regra é que familiares não devem trabalhar na empresa a menos que sejam, no mínimo, tão capacitados quanto os outros funcionários e tenham a mesma dedicação", aconselha o guru de gestão Peter Drucker no livro *The Daily Drucker: 366 days of insight and motivation for getting the right things done* [Diário Drucker: 366 dias de percepção e motivação para fazer o que é certo].

É muito importante monitorar o comportamento dos familiares no trabalho. Se eles forem abusivos, os funcionários relutarão em dizer o que pensam. Deixe claro para todos que, no trabalho, os familiares têm os mesmos direitos e deveres que os outros funcionários.

> No trabalho, os seus familiares são, acima de tudo, seus funcionários.

18
Seja coerente com o que fala

Jessie, uma garotinha muito ativa, demonstrou ser levada demais para ser controlada pela mãe quando estavam na fila de uma lanchonete no movimentado horário de almoço. A mãe carregava um bebê no colo e tentava acompanhar Jessie, que estava determinada a explorar cada recanto da loja.

> **Tarefa**
> Se um funcionário problemático pedir permissão para trabalhar em casa de vez em quando, exija melhoria de desempenho e acompanhe o progresso alcançado.

"Jessie, se você ficar na fila, eu lhe dou um biscoito", prometeu a mãe.

"Está bem", concordou Jessie.

Alguns segundos depois, lá estava ela perambulando pela loja.

Eu estava na frente dessa família, e a menina estava tão entretida passeando e pegando pacotes de batata frita e outras guloseimas que, de repente, segurou em minha perna.

Toda vez que ela saía da fila, a mãe repetia o plano da recompensa com biscoito. Por fim, elas seguiram para o caixa e a seção de sobremesas. Enquanto o atendente do caixa empacotava o meu pedido, ouvi a mãe dizer:

"Jessie, que biscoito você quer?"

Jessie ganhou o biscoito. E também aprendeu uma lição negativa: mamãe nem sempre faz o que diz.

Essa falta de credibilidade pode ser desastrosa no trato com funcionários problemáticos. Se eles não acreditarem que devem levar a sério a sua exigência de melhor desempenho, você terá menos influência sobre eles do que a mãe teve sobre Jessie.

> Fique atento à falta de credibilidade ao lidar com funcionários problemáticos.

19
Enfrentando a resistência às horas extras

Em função da incerteza econômica, os empregadores estão relutando em fazer novas contratações. Com isso, exigem mais dos funcionários. Essa estratégia implica jornadas mais longas. Um trabalhador me ligou para perguntar se era legítimo o chefe aumentar o expediente dos funcionários em uma hora e exigir que eles tirem duas horas de almoço para evitar que a empresa pague horas extras. Isso é legítimo. Mas essas exigências surgem em um momento em que diversas pesquisas mostram que pais e mães de família anseiam mais do que nunca pelo equilíbrio entre vida pessoal e carreira.

> **Tarefa**
>
> Quando as horas extras se acumularem, lembre aos funcionários as opções flexíveis que você está disposto a oferecer.

Por isso, você deve esperar certa resistência. É claro que poderia demitir os rebeldes. Mas isso não é liderança, é rotatividade. Demonstre liderança oferecendo alguma flexibilidade aos funcionários. Se pedir que trabalhem até mais tarde em determinado dia, ofereça a opção de chegarem mais tarde no dia seguinte. Se for necessário, permita que se ausentem por algumas horas durante o expediente para cuidar de assuntos que normalmente resolveriam no caminho para casa. Além disso, forneça jantar ocasionalmente quando o escritório precisar funcionar até tarde. Acima de tudo, assegure aos seus funcionários que você fará o que puder para minimizar as horas extras. Eles reconhecerão a sua preocupação e generosidade.

> Transforme as horas extras em uma situação de ganho mútuo para você e seus funcionários.

20
Lidando com acumuladores de informação

Uma das muitas lições aprendidas com o 11 de Setembro foi a importância do compartilhamento de informações. O Congresso norte-americano acusou o FBI e a CIA de não compartilharem os resultados das investigações realizadas pelas duas agências. Embora esse seja um exemplo extremo do que acontece quando o fluxo livre de informações é interrompido, representa um lembrete da necessidade de garantir que informações importantes cheguem ao destino pretendido.

> **Tarefa**
> Estabeleça uma programação de treinamento para que mais funcionários aprendam tarefas especializadas.

Alguns especialistas consideram a informação a "moeda de troca do ambiente de trabalho". E, como qualquer moeda, a informação precisa circular. No entanto, alguns funcionários se recusam a compartilhar conhecimentos ou dados importantes, movidos por sentimentos como raiva, inveja ou insegurança.

Uma forma de se proteger contra esse comportamento nocivo consiste em assegurar que várias pessoas recebam treinamento em conhecimentos especializados, como técnicas avançadas para manter o bom funcionamento dos seus sistemas de computador.

Em geral, as empresas criam em seus sistemas redundâncias às quais possam recorrer em caso de emergência, mas não pensam em estruturar os recursos humanos da mesma forma. Quando isso ocorre, a única fonte de conhecimento crucial sai pela porta no fim do expediente. Indique suplentes para forçar os acumuladores a compartilhar as informações.

> Os acumuladores de informação são como uma equipe de um único membro: valorizam o sucesso pessoal, mas não o trabalho de equipe.

21
Saiba quando consultar um advogado ou outros especialistas

Kevin, um gestor de escritório, estava cansado de funcionários que se demitiam sem dar aviso prévio.

Uma funcionária pediu demissão por telefone duas horas antes do início do expediente. Ele ficou tão furioso que criou uma política para punir esses trabalhadores irresponsáveis. Eles perderiam o pagamento do último salário se pedissem demissão sem dar o devido aviso prévio. Mas, antes de adotar a política, Kevin me escreveu perguntando se era legítima. Infelizmente, no caso dele, não era. As políticas motivadas pela raiva geralmente são falhas. A proposta de Kevin violaria as leis trabalhistas. Funcionários remunerados por hora, como era o caso dos seus, devem ser pagos por todo o tempo em que trabalham.

> **Tarefa**
>
> Em uma ficha escreva o seguinte lembrete:
> "Não confie em algo que não foi examinado com cuidado."

Sugeri que ele vinculasse o direito a férias ao aviso prévio. Os demissionários com férias pendentes poderiam reivindicá-las somente se dessem aviso prévio aceitável. Se você pretende fazer mudanças drásticas na política, examine-as cuidadosamente antes de agir. Consulte um advogado, outro especialista em questões trabalhistas ou o escritório regional do Ministério do Trabalho. Se um funcionário rebelde está causando dor de cabeça, políticas corretivas impetuosas podem resultar em enxaquecas.

> Antes de implantar uma nova política para enfrentar funcionários problemáticos, consulte especialistas em questões trabalhistas para ter certeza de que é legítima.

22
Não leve os problemas para casa

Dizem que Einstein descobriu um elemento importante da teoria da relatividade repousando no gramado de uma colina. Newton criou a teoria da gravidade sob uma macieira quando uma maçã caiu em sua cabeça. Quando o assunto é resolução de problemas, fazer uma pausa costuma ser a melhor estratégia.

> **Tarefa**
> Quando estiver em casa, relaxe. Faça palavras-cruzadas, jogue um jogo de tabuleiro ou simplesmente esparrame-se na poltrona.

Pare de remoer questões pessoais por algum tempo e não leve problemas para casa. Se, durante o jantar, você tiver um lampejo sobre como lidar melhor com um funcionário difícil, anote a ideia em um caderno e deixe-o de lado até o dia seguinte.

Pergunte a si mesmo o que pode ganhar se atormentando em casa com um problema do escritório. Se a resposta for "nada", esse é um motivo mais do que suficiente para esquecer o problema até retornar ao trabalho. Faça o equivalente à pausa no gramado da colina ou à sombra da macieira. Deixe que o tempo que você passa em casa represente essa pausa. A clareza que você terá poderá levá-lo a uma solução.

> Coloque a bagagem do escritório na prateleira no fim do dia.

23
Quando um funcionário ameaça usar a violência

Quando Vernice Givens, proprietária da V&G Marketing Associates, em Kansas City, nos Estados Unidos, demitiu uma funcionária, foi ameaçada. A empresária pediu que a funcionária fosse embora. Vernice e um segurança acompanharam a mulher descontrolada para fora da empresa. Em seguida, Vernice consultou um advogado trabalhista sobre a próxima medida que deveria tomar.

> **Tarefa**
> Elabore o passo a passo de um plano para enfrentar funcionários insatisfeitos que fazem ameaças.

"Tive de zelar não apenas pela minha segurança, mas pela dos meus funcionários", comenta.

Ela seguiu o conselho do advogado e enviou à ex-funcionária uma carta advertindo que, se ela insistisse, enfrentaria um processo judicial. Isso resolveu o problema.

Ameaças de funcionários assustam e devem ser levadas a sério. A ação adequada depende das circunstâncias e do funcionário, mas você deve avaliar a situação de imediato. Se necessário, conte com a ajuda de especialistas e formule uma resposta apropriada assim que possível.

> Quando o assunto é violência no local de trabalho, é preferível ser excessivamente vigilante a ser pego desprevenido.

24
Aos intimidadores, ofereça opções, não apenas objeções

Os intimidadores do local de trabalho são adultos que não superaram os "terríveis 2 anos" e, assim como as crianças dessa idade que passam por essa etapa inquietante da vida, acreditam que podem conseguir à força tudo o que querem. No trato com funcionários intimidadores, a sua função como líder é mostrar maneiras mais eficazes de resolver conflitos.

"O sucesso e a autoestima vêm com a consciência de que existem opções", afirma Brian DesRoches no livro *Your Boss Is Not Your Mother: Creating autonomy, respect and success at work* [Seu chefe não é a sua mãe: criando autonomia, respeito e sucesso no trabalho]. "Sempre que você escolhe a maneira como se relaciona com o outro, a sua capacidade de controlar e dirigir a sua vida aumenta sensivelmente."

> **Tarefa**
>
> Em uma ficha anote este conselho inspirador: "Regra nº 1: há sempre uma solução. Regra nº 2: há sempre outra solução."

Se um intimidador for um bom funcionário, considere a possibilidade de ajudá-lo. Uma opção seria exigir que o funcionário se reúna com o gerente de RH algumas vezes para conversar sobre controle da raiva. Se isso não for possível, você também poderá insistir para que o funcionário participe de algumas sessões de treinamento em comunicação não violenta, pagas pela empresa. Até mesmo na correção do comportamento de um intimidador, a palavra-chave é opções.

> Os intimidadores colocam a si mesmos e aos outros em um beco sem saída. Ajude-os a encontrar uma solução.

25
Documente os encontros difíceis

Leslie, gestora de uma empresa de equipamentos médicos em rápido crescimento, lamenta que sua empresa tenha mantido tantos funcionários incompetentes ou rebeldes. A empresa tem receio em fazer demissões porque alguns funcionários demitidos em outra ocasião a processaram. A organização passou por grande tensão, não por considerar os processos justos, mas por não ter documentação sobre as deficiências dos funcionários. E continuou a dar pouca importância a essa parte da gestão para se concentrar em seu crescimento explosivo.

> **Tarefa**
>
> Crie um arquivo especial para acompanhar as conversas com um funcionário problemático.

Sem documentação, o motivo das demissões parece impreciso, na melhor das hipóteses. Causa estranheza o fato de alguém ser eleito funcionário do ano e, no ano seguinte, ser demitido por um "baixo desempenho" que não foi documentado.

Uma das primeiras perguntas que os advogados fazem aos empregadores que buscam aconselhamento sobre como demitir um funcionário incompetente é: "Vocês documentaram o problema?" Se a resposta for não, eles recomendarão que a empresa adie a decisão até que tenha documentação de apoio.

Não importa se você tem a liberdade de demitir um funcionário. O mais importante é fazer tudo certo para que a decisão não retorne a você como um bumerangue.

> Se há algo que você precisa ficar repetindo para um funcionário, anote.

26
Monitore os telefonemas de funcionários difíceis

Telefonei para um pequeno empresário com o objetivo de fazer uma entrevista. Obtive sua indicação com uma associação comercial que afirmou que ele seria perfeito para a minha matéria. Bem, ele teria sido, não fosse pela recepcionista. Quando liguei, ela disse que o empresário não estava. Em vez de se oferecer para pegar o recado, pediu-me que ligasse mais tarde. Aparentemente não achou que o telefonema fosse importante o suficiente para fazer uma anotação. Desisti de entrevistar o chefe dela. Algumas empresas fazem grandes investimentos na contratação de profissionais de relações-públicas para obter exposição. A empresa para a qual telefonei poderia tê-la obtido sem qualquer custo.

> **Tarefa**
> Crie roteiros de telefonemas para os funcionários usarem como diretrizes ao falar com clientes.

Os funcionários da linha de frente, que lidam com seus clientes, exercem um enorme poder. Com a atitude inadequada, eles podem repelir clientes em potencial e aumentar os custos de vendas. Cientes da importância das chamadas telefônicas, alguns empresários pedem que os amigos e familiares liguem para suas empresas para avaliar como os funcionários atendem às chamadas. Certifique-se de que seus funcionários sejam atenciosos e educados com os clientes ao telefone e, durante o horário comercial, nunca peçam que liguem mais tarde. Os funcionários devem pegar o recado e alguém deve retornar a ligação.

Estabeleça uma política para lidar com funcionários que atendem às chamadas com agressividade ou indiferença. Dessa forma, uma advertência, transferência ou mesmo demissão não parecerá arbitrária.

> Boas maneiras dos funcionários ao telefone equivalem a dinheiro na conta da sua empresa.

27
Recompense funcionários que neutralizam situações de tensão

É possível que alguns dos seus funcionários sejam excelentes pacificadores. Quando ouvir o relato de seus atos heroicos, elogie-os. Eles facilitam a sua tarefa de lidar com funcionários problemáticos.

O magnata do petróleo John D. Rockefeller sabia da importância de funcionários com habilidades extraordinárias de gestão de pessoal:

"A habilidade para lidar com pessoas é uma mercadoria como açúcar ou café, e eu pago mais por essa habilidade do que por qualquer outra."

Se os mediadores naturais do seu escritório solucionarem um confronto entre colegas ou se eles próprios exercerem o autocontrole quando forem insultados por um colega, enalteça o pacificador pelo comportamento exemplar. Diga algo como: "Ouvi dizer que você se saiu bem naquele encontro desagradável. Obrigado."

> **Tarefa**
>
> Envie notas ou e-mails de agradecimento a funcionários que neutralizam encontros tensos.

Geralmente, essas pessoas são modestas em relação à capacidade de manter a paz, pois as habilidades de negociação são muito naturais nelas. E é bem provável que continuassem a realizar essa tarefa crucial mesmo sem o seu elogio. No entanto, ainda assim, merecem reconhecimento, especialmente se isso for feito diante de alguém a quem possam inspirar.

> "Aquele que alivia o fardo do mundo para o outro não é inútil neste mundo." *Charles Dickens*, escritor.

28
Escritório não é creche

"Pai, como consigo uma linha externa para Washington de novo?", pergunta o filho de um colega ao visitar o escritório. A criança passou boa parte do dia fazendo chamadas telefônicas de sua mesa. As ligações incluíam vários interurbanos para Washington, D.C.

> **Tarefa**
>
> Caso ainda não haja uma política para crianças visitantes, elabore uma. Se você já tiver uma política, revise-a para ter certeza de que funciona.

A maioria dos funcionários se solidariza com os colegas que enfrentam imprevistos de última hora em relação à pessoa ou instituição que cuida de seus filhos e são forçados a levá-los para o trabalho. Mas ninguém tolera funcionários que não tomam conta dos filhos no escritório.

Poucos escritórios não permitem a entrada de crianças, mas muitos não têm políticas que tornem as visitas funcionais. Apenas algumas delas ajudariam. Você deve exigir que os pais acompanhem os filhos o tempo todo. Os visitantes que usam estações de trabalho devem deixá-las como as encontraram. Devem manter o tom de voz baixo e, em hipótese alguma, fazer interurbanos sem permissão. Você também deve exigir que os pais peçam permissão para levar os filhos ao escritório. Se você concordar e se for necessário, forneça ao funcionário uma cópia da política de visitantes da empresa.

> Quando o escritório receber a visita de crianças, mantenha-o agradável para os funcionários.

29
Use pedidos infundados para iniciar conversas

Mais de 75 por cento das pessoas obesas que responderam a uma recente pesquisa de opinião alegaram ter hábitos alimentares saudáveis. E 40 por cento afirmou fazer exercícios físicos intensos pelo menos três vezes por semana. Segundo um médico, tais respostas assustadoras demonstram que os entrevistados ignoravam ou se recusavam a aceitar o que constitui uma dieta saudável ou exercícios intensos.

> **Tarefa**
> Publique uma lista de privilégios disponíveis no escritório para funcionários com bom desempenho. Inclua os critérios de qualificação.

Funcionários difíceis geralmente se situam nessas zonas de recusa ou ignorância. Eles não têm noção de suas deficiências e, na verdade, consideram-se muito melhores do que você os considera. Quando pedirem considerações especiais, como aumento por mérito ou a possibilidade de trabalhar em casa, considere essa conversa uma oportunidade para lembrar a eles o que a empresa espera de seus funcionários. Diga-lhe que você vai rever as solicitações em alguns meses. Mas, por enquanto, enfatize que você gostaria que ele se concentrasse em apresentar o desempenho que o colocaria em condições de concorrer a privilégios no escritório.

> Favores especiais devem recompensar o comportamento profissional.

30
Contrate com inteligência

Uma das características mais notáveis do consultório da Dra. Jessica Jacob, que atende em New Hyde Park, em Nova York, é a baixa rotatividade dos funcionários. Quase todas as assistentes que trabalhavam lá na época em que a doutora fez o parto do meu filho caçula, há treze anos, ainda estão no consultório.

Elas não estão apenas acumulando tempo de serviço. As assistentes adoram o que fazem e demonstram isso pelo bom tratamento que dão às pacientes.

O segredo da doutora é contratar com inteligência. Ela dá muito valor ao histórico profissional das candidatas:

"Em geral, se elas trabalharam em outro lugar por muito tempo, isso já é um bom sinal."

A doutora considera as duas primeiras semanas no emprego uma fase de avaliação, pois "qualquer pessoa pode enganar você em uma entrevista". Durante esse período de experiência, ela avalia não apenas a competência das novas funcionárias, mas se trabalham bem em grupo, se fazem pausas demais e se chegam no horário.

> **Tarefa**
>
> Crie uma lista das habilidades interpessoais que você procura em candidatos qualificados. Use-a na próxima vez em que considerar alguém para um cargo.

"Chegar atrasada na primeira ou segunda semana ou faltar ao trabalho alegando doença são sinais horríveis", afirma a Dra. Jessica Jacob.

Talento é importante, mas não pode ser o único fator a ser considerado ao contratar funcionários. Você deve analisar todo o conjunto se quiser evitar a contratação de um funcionário problemático. Esse processo é demorado. Mas a procura por substitutos pode demorar ainda mais.

> Quando se contrata com inteligência, a competência de um candidato é apenas o ponto de partida.

31
Demita com inteligência

"Os empregadores devem sempre demitir com base nos fatos", disse-me certa vez um advogado trabalhista. "Você ganha uma causa com base nos fatos."

No entanto, muitos empregadores acreditam que podem se abster de documentar os fatos se a empresa tiver o direito de demitir alguém. Embora as leis trabalhistas determinem que é possível demitir funcionários a qualquer momento, isso não impede que ocorram processos.

> **Tarefa**
>
> Se você pensar na possibilidade de demitir um funcionário, analise toda a documentação que tiver para verificar se ela apoia a sua decisão.

As políticas que determinam o que constitui uma ofensa sujeita a demissão devem ser claras e distribuídas aos funcionários. Sua insatisfação com o trabalho de determinado funcionário não deve ser uma novidade para ele quando você o chamar para dar a má notícia. Caso contrário, a pessoa poderá alegar ter sofrido um "golpe" e gerar desconfiança em relação aos seus motivos.

"Se você definir as expectativas no início e informar ao funcionário como ele está se saindo, ele saberá o que está por vir", comenta Diane Pfadenhauer, proprietária da Employment Practices Advisors, de Northport, em Nova York.

Se você tiver fornecido ao funcionário as oportunidades e os recursos necessários para melhorar o desempenho, o ideal é documentar essas iniciativas que denotam boas intenções. Essa benevolência é a prova de que a sua intenção não era se livrar do funcionário, mas ajudá-lo a recuperar-se de um histórico de trabalho ineficiente. Dificilmente encontrarão falha nisso.

> Antes de qualquer demissão, reúna uma documentação detalhada para justificar essa medida.

32
Incentive os funcionários a informá-lo sobre colegas problemáticos

Durante os muitos anos em que trabalhei como colunista de aconselhamento, ouvi relatos de funcionários preocupados porque os gestores pareciam ter medo de falar com eles. Os supervisores, ao contrário, passavam muito tempo isolados em suas salas. Por outro lado, testemunhei a alegria que os funcionários sentem quando os gestores lhes dão atenção.

> **Tarefa**
>
> Coloque uma caixa de sugestões no escritório ou crie uma versão eletrônica para incentivar os funcionários a comunicar suas ideias sobre como usar melhor os recursos da empresa

Seus funcionários estão intimamente envolvidos nos seus negócios e têm um precioso conhecimento sobre como melhorá-los. Isso inclui a opinião sobre colegas problemáticos. Executivos muito ocupados para aproveitar essa fonte de informação estão deixando passar oportunidades valiosas. Jim Sinegal, CEO do clube atacadista Costco, é famoso pelo entusiasmo na comunicação com os funcionários.

"Eles sabem que quero cumprimentá-los porque gosto deles", comentou em uma entrevista ao canal de TV norte-americano ABC News.

Se você incentivar a comunicação aberta, seus funcionários o alertarão sobre as dificuldades de um colega que precisa da sua intervenção. Poderão, inclusive, dar sugestões de aprimoramento porque já passaram por situações semelhantes. Informe aos funcionários prestativos que você está sempre aberto a sugestões para utilizar melhor qualquer recurso da empresa.

> Muitas vezes, são os próprios funcionários que dão as melhores ideias para melhorar o trabalho de um colega com dificuldade.

33
Não tenha medo de criticar gestores problemáticos

Gestor perfeito nunca existiu, mas alguns executivos agem como se os gestores que contrataram fossem a perfeição em pessoa. Tomam como pessoal qualquer crítica a esses profissionais, especialmente se os comentários duros vierem de subordinados. E os executivos nada ganham ao ignorar a mensagem ou desmerecer o emissor.

Depois que Sherron Watkins, vice-presidente da Enron, reclamou das parcerias questionáveis estabelecidas por altos gestores, fizeram-na se sentir alijada, segundo alguns noticiários. A empresa não levou a sério muitas das recomendações feitas por Sherron, que poderiam ter impedido a queda da Enron.

> **Tarefa**
>
> "Alguns gestores precisam de uma boa e forte dose do próprio remédio." Escreva isso em uma ficha e leia diariamente.

Quando um gestor contratado ou aconselhado por você for acusado de ser incompetente ou de cometer alguma infração, não tome a queixa como pessoal. Esteja atento e verifique se vale a pena analisá-la seriamente.

> Às vezes, o funcionário problemático é um gestor que você contratou. Trate-o como faria com qualquer funcionário que tivesse problema semelhante.

34
Quando um funcionário problemático pede demissão

Quando meu filho quebrou o braço em dois lugares, a melhor notícia que recebi do ortopedista foi a de que eram "fraturas limpas". Isso significa que não havia bordas irregulares, que são de correção difícil e tratamento demorado.

No ambiente de trabalho, quando funcionários insatisfeitos pedem demissão, tudo o que os gestores querem é que sejam "fraturas limpas".

Quando isso ocorrer, talvez passem pela sua cabeça algumas perguntas difíceis. O risco de sabotagem a equipamentos ou projetos parece maior agora que ele não tem nada a conquistar no emprego? Se a resposta for afirmativa, talvez você prefira que o funcionário arrume seus pertences e saia imediatamente. Mas, se você tomar essa medida, ofereça pagar pelo tempo que ele iria permanecer após o pedido de demissão. Você garantirá que o funcionário receba o pagamento final esperado e terá tranquilidade.

> **Tarefa**
>
> "Faça de cada adeus uma fratura limpa." Escreva isso em uma ficha e mantenha-a à mão como inspiração.

Algumas empresas podem se recusar a fazer esses pagamentos por considerá-los uma forma de extorsão. Mas acabam gastando tempo e dinheiro com uma batalha judicial contra processos movidos por funcionários tempestuosos que ficaram ainda mais enfurecidos com a maneira como a demissão foi conduzida. A dor de cabeça da qual os empresários pensavam que se livrariam assim que o funcionário deixasse a empresa volta com ainda mais violência.

Se você tomar medidas drásticas para que o escritório volte à normalidade após a demissão de um funcionário difícil, garanta que a estratégia funcione para todas as partes envolvidas. Caso contrário, você enfrentará um rompimento desagradável e um processo lento de recuperação.

> Quando um funcionário difícil quiser sair da empresa, garanta que o processo de despedida funcione para ambos os lados.

35
Estabeleça um sistema de registro de reclamações

Os tribunais encaram de maneira favorável empresas que estabelecem procedimentos para identificar e resolver reclamações de funcionários. A elaboração dessas políticas reflete o grau de seriedade dedicado pela organização à resolução de conflitos de pessoal, e essa percepção pode fazer a diferença entre vitória e derrota em uma ação judicial.

> **Tarefa**
> "Você tem um problema? Nós temos a solução."
> Divulgue essa mensagem no escritório.

Se a sua empresa for grande o suficiente, estabeleça um canal de comunicação direto com os funcionários que querem permanecer anônimos mas desejam informar sobre um gestor abusivo ou um colega "mão leve". Qualquer que seja o tamanho da sua empresa, designe alguém, como o gerente de RH ou um supervisor, para recuperar e acompanhar as informações que devem ser mantidas em sigilo.

Procedimentos formalizados de reclamação fornecem um método de avaliação e balanceamento do comportamento inaceitável. Eles podem ajudar você a chegar a um problema antes que ele chegue até você.

> Garanta que a sua empresa tenha um sistema formalizado de reclamação para os funcionários.

36
Dê o exemplo

É difícil manter a calma ao lidar com um funcionário que sempre comete os mesmos erros. Apesar das promessas de melhora, o trabalho continua ineficiente. Você está tão furioso que a sua vontade é recorrer a ameaças ou aumentar o tom de voz para se fazer entender. Se seguir por esse caminho, entretanto, estará inconscientemente definindo uma regra negativa para lidar com problemas de pessoal. E os seus subordinados poderão seguir seu exemplo.

Como líder de uma empresa, você exerce um poder incrível que influencia as habilidades interpessoais dos seus funcionários. O exemplo que você dá percorre todos os níveis da hierarquia, afirmam os autores de *Conquer Your Critical Inner Voice* [Vença a sua crítica interior].

> **Tarefa**
>
> Se você tiver enfrentado um problema com pessoal de uma maneira pouco exemplar, tente descobrir o que deu errado.

"Em geral, os funcionários adotam, na interação com colegas e clientes, as mesmas atitudes e comportamentos que o empregador."

Como diz o ditado, "a imitação é a forma mais sincera de bajulação". Sempre demonstre um comportamento que você se sentiria orgulhoso em ver seus funcionários imitando.

> Certifique-se de que suas soluções para problemas com funcionários não criem problemas maiores para você.

37
Incentive os gestores a comunicar problemas aos superiores

No início do ano letivo, faço questão de me apresentar aos professores dos meus filhos adolescentes. Peço que me avisem sobre qualquer problema relacionado ao desempenho deles. Também mantenho contato com eles durante todo o ano letivo. Faço isso porque não quero ser surpreendida por problemas no fim do ano, quando os alunos têm menos opções para se recuperar.

> **Tarefa**
>
> Leve os seus gestores para tomar café ou almoçar de vez em quando. Incentive-os a pedir seu conselho.

Como gestor, os grandes problemas, especialmente com pessoal, não devem pegá-lo de surpresa. Você não deve tomar conhecimento de um problema crônico na sua equipe somente quando ocorre um protesto dos funcionários ou o pedido de demissão de um profissional brilhante.

Deixe claro para os seus gerentes que, apesar de confiar na capacidade deles para resolver os problemas dos subordinados, você deseja ser informado sobre questões graves. De vez em quando, pergunte aos seus gestores se eles estão enfrentando alguma dificuldade com pessoal e como estão lidando com ela. Garanta-lhes que, quando não souberem mais o que fazer, podem pedir seu conselho.

> Insista em obter informações atualizadas sobre questões difíceis de pessoal.

38
Não generalize as repreensões

Um gestor determinado a impressionar seus chefes decidiu punir os desperdiçadores removendo as toalhas de papel dos banheiros da empresa. Sem avisar aos funcionários, ele retirou os suportes para toalha de papel e instalou secadores de mão. Em seguida, explicou que alguns funcionários estavam desperdiçando muito papel. Argumentou que, com secadores, a empresa economizaria papel e reduziria os custos de limpeza.

> **Tarefa**
> Reúna um grupo composto de gestores e seus subordinados para solucionar um problema desagradável.

A decisão foi um erro terrível. Empenhado em penalizar a todos pela falha de alguns, o gerente não pensou nas consequências de suas ações. Os funcionários não tinham mais papel para limpar derramamentos de café ou respingos na roupa. Houve muitos protestos. O gerente voltou atrás e reinstalou os suportes de toalha de papel.

Os funcionários raramente aceitam soluções gerais para um problema específico. Essa atitude parece mais uma punição do que uma solução.

Procure sempre ajustar a sua mensagem ao problema em questão. Se alguns funcionários são esbanjadores, direcione sua mensagem a eles. Coloque um aviso lembrando para não desperdiçarem papel. É provável que você se surpreenda com a boa vontade deles em cooperar.

> Soluções generalistas raramente são eficazes a longo prazo.

39
Não trate um funcionário difícil como filho

É muito comum cairmos na armadilha paternalista ou maternal no trabalho. Talvez você sinta muita afinidade por um funcionário jovem e ambicioso porque ele estudou na mesma universidade que você, e se impressione com seu carisma e ideias brilhantes. Por isso, quando esse funcionário se recusa a realizar uma tarefa que considera indigna, você simplesmente faz sua vontade. Talvez você peça ao supervisor dele para procurar uma tarefa mais condizente com o talento do seu protegido. Mas, se você fizer isso, estará adotando uma atitude de pai ou mãe, não de líder.

Tarefa
Garanta que o trabalho menor seja distribuído de maneira uniforme.

Jason estava ansioso para ser promovido a gerente. Ele fez amizade com um alto executivo que estava impressionado com sua formação na Ivy League e suas excelentes habilidades organizacionais. O chefe de Jason, um gestor de nível médio, pediu que ele trabalhasse em um projeto. Apesar de ser relativamente novo na empresa, Jason considerou o trabalho indigno dele. Achou que aquela tarefa retardaria sua escalada à gerência. Ele reclamou com seu mentor, o executivo, que pediu que o gerente atribuísse o projeto a outro funcionário. O colega que herdou a tarefa se sentiu menosprezado.

Se um funcionário é tão especial, isso significa que é capaz de executar qualquer tarefa e realizar um bom trabalho. Naturalmente, você deve atribuir tarefas desafiadoras a funcionários brilhantes, mas eles não devem deixar de fazer trabalhos que todos devem realizar. Se você perceber que está saindo, com frequência, dos canais normais para acomodar os caprichos de um aspirante a estrela, saiba que está agindo mais como pai ou mãe do que como gerente.

> Não seja pai nem mãe, seja líder.

40
Procure focos de conflito nas equipes

Talento é importante em uma equipe. No entanto, em muitos aspectos, mais importante ainda é o trabalho de equipe. Os ex-jogadores Kobe Bryant e Shaquille O'Neal, do Los Angeles Lakers, são um famoso exemplo de que o talento por si só, sem trabalho de equipe, resulta em derrota. Por causa de uma rixa entre os dois superastros do basquete, o time perdeu uma final da NBA. Quando o técnico Phil

Jackson acabou com a rivalidade, os dois craques ajudaram o Lakers a conquistar três campeonatos.

> **Tarefa**
>
> "Cabeças quentes e corações frios nunca resolveram nada." *Reverendo Billy Graham*. Use essa citação como parte da sua preleção para a equipe.

"O sucesso das equipes depende em grande parte de seu líder", afirma Joanne Sujansky, presidente do Key Group, um grupo de consultoria em ambiente de trabalho de Pittsburgh, na Pensilvânia, nos Estados Unidos. "Quando o trabalho dos membros da equipe fracassa, o líder deve assumir a responsabilidade de melhorar o desempenho deles", sugere Sujansky.

O líder deve motivar, estabelecer padrões e oferecer orientação. E, o que é mais importante, ele deve descobrir o motivo da queda de produtividade do membro da equipe.

"Devemos nos preparar e nos capacitar para orientá-lo sobre como proceder para apresentar um desempenho melhor", recomenda Joanne Sujansky:

Equipes eficientes são inestimáveis para qualquer organização, mas, como demonstraram os superastros da NBA, todo esse valor pode ser desperdiçado se atitudes contrárias ao espírito de equipe predominarem.

> Um time vencedor sabe a importância do verdadeiro trabalho de equipe.

41
Remova um membro da equipe se necessário

Vernice Givens, proprietária de uma empresa de marketing de Kansas City, Missouri, nos Estados Unidos, pediu que a assistente elaborasse o primeiro esboço de um folheto que seria incluído no material de marketing da empresa. Após terminar o esboço, a funcionária deveria distribuí-lo entre os colegas de equipe para receber opiniões, mas esperou até o último minuto para redigir o esboço inicial. Seus colegas tiveram de ler o folheto rapidamente para cumprir o prazo. Essa atitude perpetuou um encadeamento de fatos que resultou em um trabalho inicial inferior. Não foi a primeira vez. Vernice conversou várias vezes com a funcionária sobre a importância de ajustar seu ritmo para tarefas complexas. Mas a funcionária arrogante continuava a negligenciar grandes tarefas até o último minuto. Esse problema, aliado a outros, levou Vernice a demiti-la.

> **Tarefa**
> Se estiver com receio de demitir um funcionário, pense se você demitiria a si próprio se apresentasse desempenho semelhante. Se a resposta for um sonoro "sim", tome uma atitude.

"Se um funcionário não melhorar depois que você o orientar ou atribuir-lhe um projeto mais adequado, você deve considerar a possibilidade de removê-lo da equipe ou demiti-lo" recomenda Joanne Sujansky, fundadora e presidente de um grupo de consultoria em ambiente de trabalho de Pittsburgh, na Pensilvânia.

Joanne comenta que, se você mantém um funcionário ineficiente por muito tempo, corre o risco de desmoralizar outros membros da equipe, prejudicar a produtividade e, o que é pior, dar a impressão de que você é um gestor fraco.

> Quando um membro da equipe não faz sua parte, gera sobrecarga e talvez precise ser removido.

42
Analise as entrevistas de desligamento

As entrevistas de desligamento oferecem uma excelente oportunidade para identificar e enfrentar funcionários difíceis. Em geral, muitas empresas consideram importantes as informações obtidas nas entrevistas de desligamento. Em recente pesquisa realizada pela empresa de recrutamento OfficeTeam, 66 por cento dos executivos consultados afirmaram ter aproveitado as informações reunidas durante tais entrevistas.

> **Tarefa**
> "Analise os desligamentos." Escreva isso em uma ficha e consulte-a sempre que um funcionário pedir demissão.

Os funcionários demissionários, principalmente aqueles que já tiverem outro emprego, estarão mais inclinados a ser sinceros em relação a seus colegas difíceis e à maneira como você os enfrentou.

Procure descobrir o que você poderia ter feito para tornar mais agradável o tempo que eles passaram na empresa. A pessoa poderá agir com hostilidade se sentir que foi forçada a sair da empresa por um tirano ou intimidador, mas analise a discussão em busca de informações úteis. E use as informações como ponto de partida para discussões com o colega ou gestor problemático.

Após uma entrevista de desligamento reveladora, realize o que os especialistas chamam de "entrevista de permanência" com funcionários que você deseja manter. Procure determinar se eles têm as mesmas preocupações que um colega demissionário em relação a supervisores e colegas problemáticos. Se tiverem, descubra o que você pode fazer e garanta a eles que pretende resolver essas questões assim que possível.

> Quando você analisa uma entrevista de desligamento, usa o fim de um relacionamento para melhorar outros.

43
Quando funcionários resistem a mudanças

Os funcionários reagem à mudança quando a temem. Durante a Revolução Industrial no Reino Unido, os ludistas temiam perder seus empregos para máquinas têxteis. Por isso, os trabalhadores destruíram os equipamentos.

"A mudança, não o hábito, é o que entristece a maioria de nós", afirmou William Feather. As empresas mais admiráveis para as quais trabalhei reconheciam o desconforto que a mudança pode causar aos funcionários. Um empregador entendia o grande estresse em potencial para a equipe quando era considerada a possibilidade de substituir os computadores. Todos passariam rapidamente de mestres em um sistema a novatos em outro.

> **Tarefa**
>
> Analise as fases de uma mudança planejada. Reúna-se com um comitê e discuta sobre como oferecer apoio aos funcionários.

A empresa nos apoiou durante cada fase da mudança proposta. Pediu aos funcionários para participar de um comitê que escolheria um sistema. Emitiu memorandos sobre as futuras mudanças com muita antecedência. Forneceu treinamento e materiais. Quando o sistema já estava sendo utilizado, pediu que os funcionários avisassem seus supervisores sobre qualquer dificuldade. Não partiu do princípio de que todos aceitariam a mudança. Simplesmente facilitou a aceitação.

Como tudo nos negócios, a mudança é um processo. Se você der apoio aos funcionários o tempo todo, reduzirá a resistência deles.

> "Em tempos de mudanças repentinas, a experiência pode ser o seu pior inimigo." *John Paul Getty*, industrial norte-americano.

44
Não permita que gestores falem mal de funcionários

Alguns gestores têm o dom de perder oportunidades, especialmente aquelas relacionadas ao desenvolvimento dos funcionários. Trabalhei para gestores que reclamavam de funcionários ineficientes com todo mundo, exceto com os próprios funcionários. Certa vez, quando eu estava conversando com um gestor em sua sala, ele recebeu a ligação de um colega conhecido por entregar relatórios longos e atrasados. Após uma conversa tensa entre os dois, o gestor bateu com o telefone e disse, bem na minha frente: "Eu queria que ele pedisse demissão."

Esse tipo de conversa é incorreta por diversos motivos. Em primeiro lugar, não ajuda o funcionário a melhorar seu desempenho. Além disso, leva os outros funcionários a imaginar o que os gestores devem falar deles.

Quando ouvir comentários como esse, faça ao gestor estas três perguntas:

Você informou o funcionário sobre o problema? Em caso negativo, por que não? Você elaborou um plano de aprimoramento? Essas perguntas ajudam a desviar o foco das conversas do gestor sobre o desempenho dos funcionários para o desenvolvimento da equipe, que é onde deve estar.

> Peça um plano de aprimoramento ao supervisor de um funcionário com dificuldade.

45
As maiores ausências do planeta

Como o feriado de 4 de Julho caiu em uma terça-feira em 2006, fui solicitada a escrever uma matéria questionando se as empresas pretendiam fechar na segunda-feira anterior para proporcionar um fim de semana prolongado aos funcionários. Perguntei às empresas que não iriam enforcar a segunda-feira se elas estavam se preparando para as ausências. Uma gerente de escritório estranhou a pergunta.

"Nós somos muito unidos e nunca faríamos isso uns com os outros", garantiu.

Algumas empresas dariam tudo para ter esse tipo de companheirismo entre os funcionários, especialmente pelo fato de impedir as ausências. No entanto, muitos empregadores lideram uma batalha onerosa contra o absenteísmo. A empresa de pesquisa empresarial CCH estima que as ausências pagas não programadas custam a algumas grandes empresas quase 1 milhão de dólares por ano nos Estados Unidos. No entanto, apenas 35 por cento das ausências de funcionários estão relacionadas a doenças, afirma a CCH.

> **Tarefa**
> Distribua lembretes sobre a política de licença por doença.

Se você é um pequeno empresário, sabe que uma única ausência inesperada pode causar grande confusão à sua alocação de pessoal. Assim que você desconfiar de que alguém está abusando da política de licença por doença, informe a esse funcionário a dificuldade que o escritório enfrenta quando seus colaboradores faltam ao trabalho. Pergunte se chegar mais tarde ou alguma outra concessão o ajudaria a ir trabalhar e deixe claro que os dias de licença por doença são destinados somente aos doentes.

> As ausências inesperadas afetam as linhas de frente e os resultados da empresa.

46
A carga de trabalho está equilibrada?

Não é segredo que os trabalhadores atuais costumam enfrentar cargas de trabalho mais pesadas e jornadas mais longas. Na verdade, algumas empresas se voltaram para o modo inverso de tentar produzir mais com menos funcionários. Apesar desse terrível desequilíbrio, muitos escritórios ainda têm trabalhadores que conseguem rejeitar pedidos para que produzam mais. Diante dessa forte resistência, alguns gestores simplesmente optam pelo caminho de menor oposição e enchem a bandeja de entrada dos funcionários mais complacentes.

Essa estratégia mantém satisfeitos os menos esforçados, mas causa insatisfação entre os sobrecarregados. Mais do que nunca, hoje é fundamental equilibrar as cargas de trabalho. Se o volume de trabalho exigir que seus funcionários passem mais tempo no escritório, o mínimo que você pode fazer é garantir que todos colaborem.

Tarefa

Anote esta citação de Sir Walter Bilbey: "O empregador geralmente consegue os funcionários que merece."

Não espere que os funcionários venham reclamar com você da má distribuição das cargas de trabalho. Tome a iniciativa. Distribua um memorando esclarecendo que você não pode nem vai tolerar cargas de trabalho desiguais e que espera que todos realizem as tarefas que forem solicitadas. Isso não diminuirá a carga de trabalho no geral, mas evitará que haja insatisfação em fazer horas extras.

> O sucesso da sua empresa depende de todos os funcionários encararem os desafios de cada dia.

47
Não desmoralize seus gestores

Quando Josh concordou em assumir um cargo temporário de supervisão, o chefe do departamento o orientou a lembrar a um vendedor brilhante de enviar seus relatórios de despesa no prazo. O vendedor estava sempre atrasado, e o setor financeiro reclamaria com o chefe do departamento. Na mesma semana em que Josh assumiu o cargo, ligou para o vendedor e insistiu para que ele fizesse todo o possível para atender ao pedido. No dia anterior à data limite para entrega do relatório de despesas, ele ligou novamente para o vendedor para lembrar sobre o prazo. O vendedor desligou o telefone aborrecido e reclamou com o chefe alegando que Josh era muito insistente. O chefe mandou Josh aliviar a pressão. Josh deixou de lado.

A sua benção é o melhor que os seus gestores podem ter ao entrar em uma conversa com um membro problemático da equipe. Se o funcionário perceber alguma falha na sintonia entre vocês, tentará tirar proveito disso. Quando você desmoraliza seus gestores, simplesmente reforça o comportamento de funcionários difíceis.

> **Tarefa**
>
> Se um dos seus gestores tiver uma reunião com um encrenqueiro, apareça para dar apoio ao supervisor.

> Se você confiar um plano aos seus gestores, apoie-os na execução.

48
Não se esqueça dos outros funcionários

De certa forma, os funcionários difíceis são como rodas estridentes. Elas recebem óleo. Eles recebem atenção. Talvez você se concentre tanto em resolver os problemas deles que acabe se esquecendo de que é o líder do escritório todo. Mesmo que venha a demiti-lo, você deseja manter o escritório funcionando com a máxima normalidade possível.

> **Tarefa**
>
> Quando estiver enfrentando um funcionário difícil, agradeça a um membro da equipe que tenha apresentado bom desempenho.

Durante fases difíceis, lembre-se das suas responsabilidades com o restante da equipe. Você deve sempre se esforçar para:

- Criar um ambiente que favoreça o desenvolvimento da produtividade e da criatividade.
- Ser um guardião ardoroso da motivação dos funcionários.
- Demonstrar reconhecimento pelo bom trabalho.
- Demonstrar gratidão por aqueles que têm iniciativa.
- Agradecer aos funcionários que vão além de suas funções em períodos de turbulência.
- Criar um ambiente de trabalho reconhecidamente justo.

Alguns funcionários são tão autossuficientes que é comum negligenciá-los. Evite isso a todo custo.

> Embora os problemas dos funcionários difíceis os coloquem em evidência, eles não são os únicos membros da equipe.

49
Socorro! Como encontrar um advogado

Antes que os corajosos alpinistas embarquem na perigosa jornada de escalada ao monte Everest, eles buscam o auxílio do xerpa local. Xerpas são os guias experientes que os ajudam a sobreviver aos grandes despenhadeiros e às fendas profundas das geleiras.

> **Tarefa**
> Esta é uma definição digna de nota: "Processo judicial: Máquina em que você entra como porco e sai como linguiça." *Ambrose Bierce*, escritor.

Quando problemas de pessoal fizerem o tempo fechar no escritório, talvez você precise que um advogado funcione como o seu xerpa. Se quiser demitir alguém suspeito de estar roubando, ou perceber que um gestor precisa receber treinamento sobre assédio sexual, deve consultar um advogado.

A melhor maneira de encontrar um advogado é a mesma para qualquer outro bom especialista: indicação. Solicite indicações a outros empresários. Steven D. Strauss, autor do livro *The Small Business Bible: Everything you need to know to succeed in your small business* [A Bíblia da pequena empresa: Tudo o que você precisa saber para ter sucesso], sugere que você faça perguntas a quem está fazendo a recomendação. Pergunte se o advogado obteve bons resultados, se era acessível, se os honorários eram razoáveis e quem realiza o trabalho, se o próprio advogado ou associados menos experientes. Se achar que esgotou as opções ou não estiver certo sobre a legitimidade delas, é aconselhável ter um bom advogado na sua equipe de resolução de conflitos.

> Antes de iniciar uma jornada, procure um guia.

50
Consulte o programa de assistência ao funcionário

Alguns problemas com pessoal estarão simplesmente além da sua capacidade de enfrentá-los. No entanto, se você deseja manter um funcionário e acabar com seu comportamento destrutivo, a próxima etapa será estabelecer um bom programa de assistência ao funcionário.* Quando você fornece esse benefício aos funcionários, dá a eles acesso a orientação especializada confidencial.

"A intenção é manter um bom funcionário e permitir que ele preserve sua dignidade durante o processo", afirma John Putzier, psicólogo industrial e presidente da FirStep Inc., uma empresa de consultoria de Prospect, na Pensilvânia, nos Estados Unidos.

---

*No original, Employee Assistance Program (EAP), um programa de recuperação que se popularizou nos Estados Unidos na década de 1970. Presente também no Canadá e em alguns países de Europa. (*N. do E.*)

> **Tarefa**
>
> Publique uma mensagem no site de sua empresa descrevendo com detalhes os benefícios do acesso ao programa de assistência ao funcionário.

"Peça que o departamento de recursos humanos providencie o encaminhamento ao programa de assistência ao funcionário, pois eles costumam ser treinados para lidar com questões de pessoal", recomenda Putzier. Se sua empresa não tiver um departamento de RH, indique um supervisor. Mas deixe claro que a confidencialidade é uma prioridade.

Quando tocar no assunto da orientação especializada com o funcionário, mantenha a conversa focada estritamente no fato de que seu comportamento está prejudicando o desempenho dele no trabalho. É por isso que você deseja obter ajuda.

"Tudo começa com o desempenho", afirma Putzier. "Se não houver problema de desempenho, tecnicamente isso não é da sua alçada."

> Acrescente o benefício do programa de assistência ao funcionário às suas ferramentas para lidar com funcionários problemáticos.

51
Faça uma pausa

Muitas empresas permitem que os funcionários façam pausas porque sabem que é importante que descansem seus corpos e mentes. Dê também a si próprio o direito de fazer pausas para equilibrar um dia especialmente difícil de conflitos de pessoal com um período sem preocupações.

> **Tarefa**
> Todos os dias, escolha um momento em que possa tirar cinco minutos para meditar ou refletir na sua mesa.

Descansar durante o dia é um conceito difícil de ser aceito por microempresários dinâmicos. Por isso, muitos cuidam melhor das empresas do que deles próprios.

"Algumas pessoas se acostumam tanto a viver em estado de ansiedade que a simples tentativa de relaxar as deixa ansiosas", escreveram os autores Jim Claitor e Colleen Contreras no livro *Build the Life You Want and Still Have Time to Enjoy It* [Construa a vida que deseja e ainda tenha tempo para aproveitá-la].

Siga o exemplo de alguns executivos que comandam grandes corporações. Vá para a sua sala, apague a luz e se debruce sobre a mesa por alguns minutos. Permita-se tirar 15 minutos de folga sem pensar em nada. Abandone os problemas (temporariamente) para não se deixar levar pela exaustão.

> Às vezes, a melhor maneira de lidar com a estática é desligar a TV.

52
Acabe com os furtos

Uma contadora viciada em jogos de loteria foi considerada culpada por um desfalque de 2,3 milhões de dólares em uma clínica. Ela conseguiu desviar dinheiro dos patrões durante mais de três anos porque era a única pessoa encarregada da escrituração contábil.

> **Tarefa**
> Informe aos funcionários as consequências do roubo.

Nas pequenas empresas, é muito comum haver apenas uma pessoa encarregada de operações de grande importância. É por isso que essas empresas são presas fáceis para funcionários ladrões. Em geral, os proprietários são muito ingênuos ou estão ocupados demais em administrar os negócios para dar prioridade a medidas antirroubo. Embora a maioria dos funcionários seja honesta, é imprescindível garantir que a empresa não esteja vulnerável às exceções.

A Administração de Pequenas Empresas dos Estados Unidos (SBA) sugere algumas medidas simples: divida tarefas importantes, como inventário e contabilidade, entre vários funcionários; estabeleça um programa de conscientização para que seus funcionários possam ajudar você a detectar o roubo; além disso, formule uma política clara em relação a crime e punição.

Sejam quais forem as medidas que você resolva adotar, considere-as meros suplementos à boa e velha vigilância.

> Nunca deixe a confiança eliminar a vigilância.

53
Varie suas táticas

Às vezes, a reação de um supervisor a problemas de pessoal arraigados é a rendição. Isso cria uma categoria de funcionários que a empresa VitalSmarts chama de "intocáveis". Em pesquisa recente, essa empresa de treinamento constatou que 93 por cento dos funcionários trabalham com um "intocável". São colegas que conseguem permanecer no emprego apesar do comportamento inadequado ou da ineficiência.

> **Tarefa**
> Use esta citação para inspirá-lo: "Onde existe uma mente aberta, sempre haverá uma nova fronteira a desbravar."
> *Charles Kettering*, inventor.

Em empresas com gestão rigorosa, um produto ineficiente é reposicionado ou eliminado. Se você ainda não estiver preparado para aceitar a perda de um funcionário ineficiente ou intimidador, terá de continuar trabalhando com ele até que o problema se resolva. Caso contrário, você estará transmitindo a mensagem de que a mediocridade é tolerada. Se as conversas sérias não levarem o funcionário a cumprir os prazos ou se forçá-lo a manter um registro das tarefas realizadas não ajudar, talvez o problema desapareça se você destacar um mentor para acompanhá-lo. A solução existe e, enquanto não for a demissão do funcionário, você terá de continuar a buscá-la.

> Assim como os planos de negócios, as estratégias para lidar com funcionários às vezes precisam ser renovadas.

54
Proponha hábitos de trabalho melhores

Se uma fada madrinha pudesse conceder dias de 25 horas, algumas pessoas provavelmente desperdiçariam a hora adicional. Segundo pesquisa do AOL/Salary.com, os trabalhares norte-americanos desperdiçam em média duas das oito horas de um dia de trabalho. Isso é quase o dobro do que as empresas preveem. E esse tempo improdutivo nem sequer inclui o horário de almoço e as pausas.

> **Tarefa**
> Peça que os seus funcionários mais eficientes contribuam enviando suas melhores dicas de gestão do tempo para o boletim informativo ou o site da empresa.

Alguns funcionários têm dificuldade para gerenciar o tempo e só melhorarão nesse aspecto se você os ajudar. É provável que você seja indicado para isso porque muitos empreendedores são excelentes na gestão do tempo. Eles precisam ser. Dê aos procrastinadores dicas sobre como dividir um projeto em partes gerenciáveis e determine o tempo de que precisarão em cada fase. Essa também é uma excelente estratégia para ajudá-los a visualizar o desdobramento de um projeto desde o começo. Dessa forma, o tempo passa a ser algo que eles conseguem ver e deixa de ser uma massa amorfa que misteriosamente nos escapole todo dia.

> Invista nos seus funcionários oferecendo periodicamente treinamento em gestão do tempo.

55
Dê mais treinamento aos funcionários

Muitas empresas falam sobre a importância de um bom atendimento ao cliente. Mas são raras as que ensinam a sua equipe. Funcionários mal-educados são, muitas das vezes, o primeiro ponto de contato dos clientes.

> **Tarefa**
>
> Contrate por um dia um instrutor para o atendimento ao cliente.

Peça que seus familiares testem o atendimento ao cliente da sua empresa. Talvez você não goste do resultado e tenha de admitir que seus funcionários precisam de novo treinamento para elevar o nível do atendimento ao cliente. Segundo o *Wall Street Journal*, alguns bancos e concessionárias de veículos ansiosos por melhorar o atendimento ao cliente enviaram os funcionários a períodos de treinamento oferecidos por hotéis de luxo famosos pelo serviço impecável.

Talvez os funcionários da sua empresa também precisem de treinamento externo. O atendimento ao cliente não substitui um produto de excelência, mas ajuda a levar mais unidades desse produto para as mãos dos consumidores.

> Você precisa tornar o bom atendimento ao cliente uma realidade.

56
Não reaja de forma automática

Os psicólogos dividem nossas interações em duas amplas categorias: respostas e reações. Resposta é uma ação premeditada e bem planejada. Reação é uma ação automática e sem reflexão. As reações geram arrependimentos, e não soluções. Dirigir insultos a um funcionário agressivo é uma reação automática. Lembrar a esse funcionário que você espera um comportamento profissional o tempo todo é uma resposta.

Uma reação reforça o status quo. Uma resposta é um agente de mudança e favorece a percepção.

> **Tarefa**
>
> Procure se lembrar de alguns encontros difíceis que você teve com funcionários. Pense em como você poderia ter respondido, em vez de reagido.

"A melhor visão é a percepção", afirma o editor de revistas e empreendedor Malcolm Forbes.

Por isso, procure se acalmar, respire fundo e responda, não reaja.

> Você deixará uma impressão duradoura se responder a um problema, em vez de reagir a ele.

57
O romance prejudica os negócios?

Uma chefe abstêmia queria proibir que os funcionários bebessem em viagens de negócios, mesmo depois do expediente. Ela me escreveu perguntando se essa política era legítima. É arriscado porque alguns estados norte-americanos têm leis que proíbem os empregadores de se intrometer na vida dos funcionários após o horário de trabalho.

> **Tarefa**
> Inclua discussões sobre as desvantagens dos relacionamentos extraconjugais no treinamento dos gerentes.

Mas o que acontece no seu escritório é outro assunto. Em relação a qualquer comportamento que você julgue inaceitável, a consideração principal a ser feita é se ele interfere nos negócios. Dois colegas solteiros que estejam namorando talvez não sejam motivo de preocupação, mas um gerente que tem um caso com uma subordinada, especialmente se um deles for casado, poderá representar uma distração onerosa para o escritório. Ele será alvo constante de fofocas e tudo o que fizer para a amante será considerado favoritismo pelos demais funcionários. Se for abandonada, a namorada poderá ficar revoltada a ponto de acusar o gerente de assédio sexual.

Mesmo que você não tenha uma política contra namoro (90 por cento das empresas não têm, segundo o site de empregos on-line Vault.com), deve agir antes que o relacionamento chegue a interferir nos negócios.

> Você não pode aniquilar o cupido, mas pode melhorar o comportamento dele no trabalho.

58
Como enfrentar o triste fim do romance dos subordinados

O rompimento complicado de um relacionamento afetivo pode transformar até mesmo os mais profissionais em funcionários difíceis. Quem um dia formou um casal feliz pode declarar guerra um ao outro no escritório, e você terá de atuar como mediador. Simplifique a sua atuação. Relembre-os sobre o código de conduta do escritório. Se os ex-amantes fizerem escândalos, diga a ambos que você não tolera comportamento antiprofissional. Mas seja o mais solidário que puder, pois um rompimento é como um luto. Você, entretanto, ainda tem de gerir uma empresa e não deseja ter distrações causadas por um romance que azedou.

Tarefa
Sempre que julgar apropriado, redistribua o código de conduta da empresa a funcionários que namoram.

Se o casal é formado por bons funcionários e você deseja mantê-los, talvez precise tomar a medida drástica de retirar os dois de uma equipe. Trate os dois funcionários da mesma maneira. Não tome partido de ninguém. Um deles poderá tentar forçá-lo a assumir esse papel, mas não caia na armadilha.

> Nenhum problema pessoal deve assumir mais importância do que os negócios.

59
Como lidar com um funcionário que não se veste adequadamente

Muitas empresas tentaram dar mais liberdade aos funcionários em termos de vestuário introduzindo a "sexta-feira casual". Mas alguns funcionários ficaram tão desleixados que suas empresas resolveram cancelar essa prática.

Tarefa

Contrate um consultor de imagem para ir à empresa dar aos funcionários dicas sobre como se vestir profissionalmente. A participação deve ser voluntária.

Segundo o *Wall Street Journal*, a empresa norte-americana Nationwide Insurance reviu recentemente seu código de vestimenta e aboliu tops curtos, camisetas de malha e chinelos de borracha. Outra empresa do mesmo setor restringiu tanto seu código de vestimenta que até mesmo chegou a proibir os funcionários de atendimento ao cliente, que nunca têm contato presencial com o público, de usar tênis no trabalho.

Você tem o direito de exigir que a vestimenta dos funcionários seja condizente com um ambiente profissional, e suas expectativas devem ser especificadas em um código de conduta distribuído aos funcionários. As violações e respostas devem ser explicadas claramente. Você deve evitar exigências radicais que violem os direitos civis dos funcionários que se vestem de acordo com a religião ou cultura deles. Mesmo assim, você ainda terá flexibilidade para fazer com que seus funcionários tenham uma aparência coerente com a posição profissional que ocupam.

> Certifique-se de que a imagem do seu escritório não está por um fio.

60
Um alerta aos atrasados

Faço parte de um grupo de meditação que tem habilidades exemplares de gestão do tempo. As práticas começam às oito horas da manhã em ponto. Quem chega atrasado tem de aguardar no corredor até o grupo sair para uma caminhada meditativa. Essa é a abordagem zen e prática das reuniões.

> **Tarefa**
> Tenha o hábito de iniciar e terminar as reuniões no horário marcado.

Os funcionários que costumam chegar atrasados às reuniões devem sempre encontrar a reunião em andamento, não pessoas esperando pela chegada deles. Não devem ser recompensados com uma recapitulação do que perderam. Se estiverem programados para falar no início da reunião, passe ao item seguinte em pauta. Quando os atrasados chegarem, faça-os esperar, se necessário, até que possa encaixar a apresentação deles. O constrangimento desse inconveniente pode ser justamente o alerta de que o atrasado precisa.

> O horário das reuniões nunca deve ser regulado por um atrasado.

61
Use a avaliação como instrumento de transformação para funcionários problemáticos

No início da minha carreira, trabalhei para uma empresa que tinha uma regra simples em relação às avaliações: os supervisores não podiam usar uma avaliação para chamar a atenção pela primeira vez para problemas de desempenho. Essa regra fez a avaliação parecer menos um ataque e mais um plano para aprimoramento.

> **Tarefa**
> Peça que o seu departamento de RH organize um seminário com duração de meio dia sobre como redigir avaliações, ou contrate um instrutor para ir à empresa.

Muitos supervisores usam as avaliações como arma para punir funcionários problemáticos. A frustração é compreensível, mas a simples verdade é que supervisores que usam as avaliações principalmente para repreender funcionários violam as práticas empresariais salutares. A avaliação deve inspirar os funcionários a melhorar.

Permita que os funcionários respondam às respectivas avaliações. Leia as avaliações dos seus gerentes. Em seguida, leia a dos subordinados desses gerentes. Se você desconfiar de que o gerente está usando a avaliação como represália, lembre a ele a finalidade de uma avaliação.

> Uma avaliação não deve chamar atenção para algo que o funcionário ainda não ouviu.

62
Previna os funcionários sobre o uso inadequado do computador e da internet

Em apenas uma semana, 7.700 trabalhadores do Departamento do Interior dos Estados Unidos fizeram mais de um milhão de visitas a sites de jogos de azar e leilão, apesar da proibição desse tipo de atividade. O tempo gasto nos sites representou duas mil horas de produtividade perdida em uma única semana e o potencial de mais de cem mil horas por ano, segundo um relatório federal que forneceu detalhes sobre o abuso.

As constatações são lembretes importantes da faca de dois gumes em que a internet se transformou. Melhora o trabalho, mas afasta o funcionário dele.

> **Tarefa**
> De tempos em tempos, coloque artigos no quadro de avisos da empresa sobre o custo elevado do uso abusivo da internet.

Certifique-se de que sua política esclareça que os funcionários estão colocando a empresa em risco quando visitam sites não autorizados durante o trabalho e especifique as consequências. Sua empresa poderia ser processada por assédio sexual ou ser exposta à atenção pública porque um funcionário usou o computador do trabalho para acessar pornografia infantil.

Alguns empregadores proíbem totalmente o uso do computador para fins não relacionados ao trabalho, mesmo durante o horário de almoço. Outras permitem o uso "discreto". Elabore uma política que seja condizente com o seu escritório. Você não deve punir o escritório todo por causa de algumas maçãs podres. Conte com a ajuda da sua equipe de TI ou contrate um especialista para monitorar o seu sistema quanto a violações da política.

> Mantenha funcionários que abusam da internet em alerta usando a política da empresa e aplicando-a.

63
Corte pela raiz o favoritismo dos gestores

O favoritismo costuma levar pessoas erradas para o cargo, às vezes com trágicas consequências. Michael Brown, ex-diretor da Agência Federal de Gestão de Emergências dos Estados Unidos (FEMA), tinha pouca experiência em gestão de emergências quando assumiu o comando da agência. Seu antecessor, também amigo de longa data, o indicou para o cargo. Brown pediu demissão após a crítica violenta aos esforços de socorro da FEMA após o furacão Katrina.

> **Tarefa**
> Quando um gestor indicar um amigo para um cargo, peça que indique dois outros candidatos que não tenham ligação pessoal com ele.

Os gestores da sua empresa podem estar ansiosos por se cercarem de funcionários leais ou velhos amigos. Nada há de errado com esse plano, contanto que seja coerente com o objetivo da sua empresa de encontrar o melhor profissional para o cargo. Mas, se as visões estreitas impedirem suas tentativas de levar diversidade ao escritório e procurar os profissionais mais qualificados, oriente os gestores a abrir o leque de opções. Quando eles indicarem candidatos, avalie as opções e compare-os com outros entrevistados para o cargo. Sempre dê um peso maior ao talento do que à relação de amizade.

> Impeça que o favoritismo corrompa o seu processo de contratação.

64
Afaste gestores abusivos

Executivos com visão têm objetivos claros. Também têm ideias claras sobre o tipo de gestores que desejam para por em prática esses objetivos.

> **Tarefa**
>
> Faça sessões de "café com o chefe" de vez em quando para indagar os funcionários sobre suas preocupações.

Assim que uma gestora assumiu a gerência de um departamento em uma grande empresa de comunicação, ela entrevistou todos os funcionários para conhecer suas preocupações. O nome de uma supervisora difícil veio à tona várias vezes. Essa funcionária era conhecida por fazer sabotagem. Se estivesse aborrecida, ela com frequência ia embora e deixava o trabalho para outros fazerem. Obrigava funcionários a participar de reuniões em seu lugar sem informá-los sobre o assunto. Culpava os outros constantemente pelos erros que cometia.

Logo após todas as entrevistas, a chefe do departamento transferiu a funcionária para um cargo sem atribuição gerencial, para felicidade daqueles que trabalhavam para ela.

Um gestor abusivo pode desencadear uma praga de danos no seu escritório: absenteísmo, baixa produtividade, alta rotatividade e ressentimento reprimido. Transfira-os ou demita-os.

> O inventário da sua empresa também envolve a análise minuciosa de seus gestores.

65
Quando funcionários pedem dinheiro emprestado

Uma funcionária pegou alguns milhares de dólares emprestados com o chefe. Ele concordou em deduzir 50 dólares do salário dela toda quinzena. Mas começou a ficar impaciente com a demora da liquidação da dívida. Resolveu, por conta própria, retirar 600 dólares a cada período de pagamento. Transtornada, a funcionária perguntou se a dedução dessa quantia alta era legítima. Não era. Em muitos estados norte-americanos, os empregadores devem solicitar a permissão por escrito dos funcionários para fazer deduções, com exceção dos impostos.

> **Tarefa**
> Se um funcionário pedir dinheiro emprestado, negue o empréstimo, mas indique os bancos que oferecem as melhores taxas de juros.

Apesar de as intenções iniciais do patrão dela terem sido boas, ele se deixou dominar pelas frustrações. Para a funcionária, ele passou de banqueiro camarada a barão explorador, e ela pretendia recorrer à ação judicial. Tanto a funcionária como o patrão deveriam ter seguido um conselho antigo: "Não sejas devedor nem credor."

> Conceder empréstimos a funcionários não deve fazer parte de nenhum plano de negócios.

66
Por que é importante pedir desculpas

"Prendam os suspeitos de sempre." Essa fala do célebre filme *Casablanca* é, em alguns casos, a estratégia que os gestores usam no trato com funcionários difíceis. É fácil partir do princípio de que eles são sempre culpados quando algo dá errado, pois com frequência o são. No entanto, algumas vezes você estará errado. E, quando isso acontecer, peça desculpas.

Tarefa

"Coragem é graça sob pressão." Anote essa citação do escritor Ernest Hemingway em uma ficha e use-a como inspiração.

No livro *Os 7 hábitos das pessoas altamente eficazes*, o guru em gestão Stephen Covey chama esses erros de "saques da conta bancária emocional". Muitas vezes, é possível revertê-los com um simples pedido de desculpas.

"Quando a gente faz uma retirada da conta bancária emocional, precisa pedir desculpas, e fazer isso com sinceridade", aconselha o autor. "Grandes depósitos derivam de palavras sinceras: 'Eu estava errado.'"

Muitos gestores são adeptos da opinião de que nunca devemos nos desculpar, especialmente com um funcionário problemático. Acreditam, equivocadamente, que isso os faria parecer fracos.

Na verdade, o que ocorre é exatamente o contrário. É preciso muita coragem. Se você não reunir essa coragem, criará um problema ainda maior para si mesmo. Poderá abalar a autoestima do funcionário que está tentando melhorar. Ele pode simplesmente se perguntar: "Para quê?"

> Um pedido de desculpas dá a você outra oportunidade de manifestar seus valores.

67
Lembre aos funcionários da cadeia de comando

A cadeia de comando é importante nos negócios. Permite que os executivos determinem quem deve ser responsável por um problema de pessoal. Para funcionários insubordinados, entretanto, a cadeia de comando não tem qualquer significado. Eles zombam da autoridade. O insubordinado não hesita em passar por cima de seu supervisor para levar suas preocupações ao cargo mais alto da hierarquia. Essa atitude pode levar o supervisor a se sentir diminuído.

> **Tarefa**
>
> Em uma reunião de equipe, lembre aos funcionários de que, quando tiverem problemas, o supervisor deverá ser o primeiro ponto de contato deles.

Se um funcionário quebrar o protocolo e falar diretamente com você sobre um problema, lembre a ele da cadeia de comando fazendo estas duas perguntas: (1) Você falou com o seu supervisor? (2) Qual foi o resultado?

No entanto, uma cadeia de comando não deve ser rígida demais. Se o supervisor imediato de um funcionário for abusivo ou ineficiente, o funcionário deverá, com certeza, ser incentivado a recorrer a um superior na hierarquia para buscar ajuda.

> Não permita que funcionários insubordinados alterem a cadeia de comando de sua empresa.

68
Exija treinamento em sensibilidade

Recebi a carta de uma funcionária que teve o azar de trabalhar com uma chefe terrível. A gestora era uma workaholic desorganizada que gritava com os funcionários quando eles não podiam ficar até tarde. Gritava quando eles pediam ajuda e para obter a atenção deles. O grito era a noção que ela tinha de desenvolvimento de funcionários.

O comportamento insensível repelia as pessoas, mas isso não a incomodava. Ela ostentava as demissões como medalhas de honra ao mérito: "Está vendo? Nem preciso demiti-los. Sou ótima em fazê-los pedir demissão."

> **Tarefa**
> Ao lidar com um gestor intimidador, use esta citação para verificar a situação real: "O homem irado acha que sempre pode fazer mais do que realmente é capaz."
> *Albertano da Brescia*, jurista.

Pelo visto, ela tem muitos seguidores. Em recente pesquisa realizada pela empresa de pesquisa de opinião Gallup envolvendo um milhão de trabalhadores, ter um chefe difícil foi o principal motivo citado para se deixar o emprego. Se um gestor tiver uma alta rotatividade de funcionários, não acredite de imediato na ideia de que é difícil encontrar bons profissionais. Faça reuniões de equipe para expor preocupações. Convide alguns subordinados dos gestores para almoçar e procure descobrir o que está acontecendo na divisão em que trabalham. Se você concluir que o gestor é problemático, mande-o fazer um curso de controle da raiva ou outro treinamento em sensibilidade. Você investe tempo em encontrar profissionais competentes e não vai querer que um gerente invalide todos esses esforços.

> Um gestor deve gerenciar, não intimidar ou humilhar.

69
Lembre-se: "Esta é a sua função"

Uma das afirmações mais condenáveis que um funcionário pode proferir é: "Esta não é a minha função." Esse funcionário não está nem um pouco envolvido com a empresa. Quem adota essa atitude não faz o menor esforço para atender o telefone ou ajudar um cliente. Está ocupado demais decidindo o que não vai fazer.

Uma maneira de impedir declarações nocivas à produtividade consiste em fornecer aos funcionários uma descrição por escrito dos respectivos cargos. Os funcionários conscienciosos vão sempre colaborar. No entanto, você precisa explicar claramente para os tipos menos cooperativos o que exige deles. Se precisar que funcionários que não sejam secretários atendam o telefone, inclua essa tarefa na descrição. Se precisar que eles fiquem alguns minutos depois do horário em determinados dias para ajudar a atender aos últimos clientes, especifique isso. Remunere-os pelas horas extras. Muitas empresas geram esse tipo de atitude acrescentando trabalho extra dissimuladamente sem pagar aos funcionários pelo tempo adicional. Quando isso ocorre, até mesmo os funcionários mais leais começam a se queixar.

> **Tarefa**
>
> Procure funções na sua empresa em que o escopo não esteja claro e acrescente a tarefa a uma descrição de cargo.

Reveja as descrições dos cargos com frequência e altere-as para que reflitam as atribuições extras assumidas por um funcionário. Uma descrição eficiente do cargo mantém a sinceridade entre você e os seus funcionários no que diz respeito ao que um cargo realmente envolve. Isso dá a você a segurança de dizer: "Sim, esta é a sua função."

> Se você quer que um trabalho seja realizado, insira-o em uma descrição de cargo.

70
Não se deslumbre com as estrelas

Funcionários estrela são pessoas complicadas. Eles podem levar a sua empresa ao sucesso. Mas, se não tiverem limites, também podem levá-la à ruína. Gestores estrela foram responsáveis pelo crescimento explosivo da Enron. No entanto, também foram culpados pelo fim da empresa.

> **Tarefa**
>
> Ao avaliar funcionários estrela, considere também o desempenho interpessoal.

Talvez, sem perceber, você esteja "endeusando" seus funcionários estrela. Por exemplo, como o registro de vendas deles é impecável, você pressupõe que todos os outros aspectos do trabalho deles também são perfeitos. E, por estar tão convencido de que eles são infalíveis, talvez desconsidere todas as reclamações relacionadas a eles. Os funcionários estrela, por sua vez, podem presumir que, por não receberem grandes intervenções, isso significa que estão acima das políticas habituais do local de trabalho.

Funcionários estrela desregrados podem ser abusivos com os colegas. Ou, então, podem determinar seus próprios horários e dias de folga, sem levar em consideração as necessidades de alocação de pessoal do escritório.

A melhor maneira de refrear a "realeza" do escritório é aplicar a ela as mesmas regras que aplicaria à "plebe". Recompense o trabalho brilhante, mas lembre ao funcionário que o realizou que, apesar do bom desempenho, o código de conduta da empresa vale para todos.

> Arrogância e concessão de direitos não combinam com negócios.

71
Saiba quando aceitar suas perdas

É difícil dizer adeus. Mas cumprimentar todo dia um funcionário ineficiente é ainda pior. É um lembrete de que você está pagando pela incompetência.

Não importa o potencial que alguns funcionários têm, nem a ajuda que você lhes fornece, eles continuam a produzir um trabalho medíocre. Quanto mais você demorar a demiti-los, mais os seus motivos serão questionados. E precisará responder a perguntas como: "Após todos esses anos, por que de repente o meu trabalho passou a ser um problema?"

> **Tarefa**
> Reveja os arquivos dos funcionários problemáticos para garantir que você documentou o problema corretamente.

E, se você não tiver comunicado as falhas do funcionário claramente ou não as tiver documentado, a demissão parecerá arbitrária. Afinal de contas, os incompetentes costumam ser os últimos a reconhecer suas deficiências.

Como afirmou em uma matéria o ex-presidente e CEO da General Electric, Jack Welch: "Se ninguém disser ao peru o que ele é, ele não se importará com a sua condição."

Mas como saber quando você já alcançou o ponto em que não há mais volta? Ouça a sua intuição e analise a documentação dos fatos. Se estiverem em sincronia, é chegado o momento de agir.

Se o seu objetivo é reunir uma equipe altamente qualificada, terá de se despedir de alguns riscos para liberar espaço para mais trunfos.

> Nunca se apresse em demitir um funcionário que esteja com dificuldade. Mas, assim que decidir, aja.

72
Desestimule o comportamento workaholic

O dicionário define um workaholic como "aquele que tem uma necessidade compulsiva e insaciável de trabalhar". Alguns workaholics, entretanto, são simplesmente péssimos em gestão do tempo. Às vezes, trabalham até tarde porque desperdiçam muito tempo durante o dia de trabalho. Passam muito tempo no almoço ou convivendo socialmente. Precisam, então, fazer algo para compensar esse tempo. Por isso, ficam depois do expediente para concluir o trabalho que poderiam ter terminado mais cedo. Se precisam fornecer um relatório durante o horário comercial, os workaholics afugentam os colegas alegando que estão sobrecarregados e que precisam ficar até tarde para dar conta da carga de trabalho. Os workaholics simplesmente sofrem de ressacas de ineficiência.

> **Tarefa**
> Exija que todos os funcionários peçam permissão para fazer hora extra.

Não favoreça os workaholics, em especial se você não souber o motivo de suas longas jornadas. Insista para que sigam o horário de trabalho da empresa, principalmente se você tiver de pagá-los pelas horas extras. E, o que é mais importante, demonstre pelo seu próprio exemplo que a eficiência e o equilíbrio entre vida pessoal e profissional sempre superam a compulsão do workaholic.

> Os workaholics nem sempre são motivados pelos interesses da empresa.

73
O que eu ganho com isso?

A cultura atual dos negócios tem casos de fanáticos por redução de custos tão bons em demitir funcionários que o cargo do eliminador se tornou redundante, o que fez com que ele acabasse perdendo o emprego.

Qualquer um pode demitir, mas os cortes nem sempre têm o resultado esperado. É preciso talento e visão para fazer uma empresa crescer. Esse processo começa com os funcionários. Naturalmente, você pode continuar a demitir colaboradores problemáticos. Se preferir, entretanto, poderá investir neles até os considerar completamente irrecuperáveis. Por que haveria de fazer isso? Quando você investe em alguém, aumenta as chances de sucesso da pessoa e, por extensão, as suas. Além disso, se você souber como desenvolver os funcionários, estará bem à frente de muitas empresas.

> **Tarefa**
>
> Escreva a seguinte citação em uma ficha e consulte-a para se inspirar: "Liderança parece ser a arte de fazer com que os outros desejem fazer algo que você está convencido de que deve ser feito." *Vance Packard*, jornalista.

O Wegman, uma rede de supermercados norte-americana com sede em Rochester, Nova York, famosa pelo bom atendimento ao cliente, sabe a importância de investir nos funcionários. O presidente da empresa, Robert Wegman, atribui a reputação do serviço de alta qualidade ao investimento na mão de obra.

"Não importa quanto investimos no nosso pessoal, o retorno é maior. Sempre acreditei que nossa jornada rumo a um ótimo atendimento ao cliente começou com esse investimento."

Os funcionários são o seu bem mais importante, e toda a folha de pagamento deve contribuir para o sucesso da empresa. Como líder, é sua função fazer com que isso se torne realidade.

> Se você quiser que seus funcionários produzam resultados melhores, invista neles.

74
Peça uma autoavalição aos transgressores

Peça que funcionários difíceis forneçam uma avaliação de si próprios. Esse conselho poderá soar para você como o equivalente de oferecer recursos ao inimigo. No entanto, segundo alguns advogados que defendem a participação do funcionário no processo de avaliação, os trabalhadores costumam ser mais críticos em relação a si mesmos do que seus supervisores.

Admitir um problema, especialmente por escrito, é meio caminho para alcançar a resolução.

> **Tarefa**
> Reúna um pequeno grupo para analisar o processo de avaliação da sua empresa e assegure-se de que ele fornece o tipo de informação correto.

Estenda a participação dos funcionários às avaliações dos respectivos supervisores, especialmente dos gestores difíceis. Isso pode produzir comentários reveladores, pois geralmente há uma grande lacuna entre a visão que os gestores têm de si próprios e a visão que os subordinados têm deles. Em uma pesquisa de opinião realizada pela Hudson, uma empresa de recrutamento da cidade de Nova York, 92 por cento dos gestores se classificaram como competentes. No entanto, apenas 67 por cento dos trabalhadores fizeram comentários favoráveis sobre os respectivos gestores. O processo de avaliação na sua empresa se aproxima mais de um retrato autêntico de todos os seus funcionários quando você os observa com o equivalente a uma lente grande-angular.

> O melhor processo de avaliação fornece uma visão panorâmica de seus funcionários.

75
Comemore as transformações

Um dos melhores prêmios oferecidos pelo distrito escolar da minha região no fim do ano é para o aluno que mais evoluiu. O prêmio reconhece alunos que passaram de um início instável para uma finalização harmoniosa. A julgar pelo sorriso largo dos ganhadores, o reconhecimento dos esforços que empreenderam os comove profundamente.

Da mesma forma, é importante reconhecer as melhorias de desempenho no local de trabalho. Quando funcionários que tiveram um início instável reveem suas habilidades de gestão de pessoal ou seus hábitos de trabalho, reconheça o progresso. Vá até a mesa deles e os parabenize pelo ótimo trabalho de equipe ou por uma apresentação individual em um seminário da empresa.

> **Tarefa**
>
> Faça uma pesquisa entre seus funcionários para verificar se eles gostariam de ter um prêmio de "funcionário que mais evoluiu". Se a maioria for a favor, ofereça o prêmio.

Convide os funcionários que mais evoluíram para almoçar. Você terá um assunto positivo a abordar para variar.

Além disso, aproveite para reconhecer seus próprios esforços. Afinal, você ajudou a promover a transformação. O sentimento de orgulho lembrará que você vence quando faz aflorar o melhor nos seus funcionários.

> "Comemore o que deseja obter mais." *Tom Peters*, guru em gestão.

76
Evite os assediadores

Uma funcionária me confidenciou que estava cansada da insistência de um colega em convidá-la para ir ao apartamento dele. A funcionária era casada, nunca havia demonstrado interesse em ir à casa do funcionário e estava se sentindo ofendida com os convites. Sugeri que dissesse que consultaria quando o marido estaria disponível. Isso a animou.

Quando um colega fizer comentários inadequados, tome a iniciativa e dê uma resposta que ele não gostaria de ouvir, especialmente algo relacionado a um marido ou namorado. Já ouvi muitos casos de mulheres que sofreram em silêncio após a investida de um assediador. Talvez você precise pedir a ajuda de um gestor. Mas, enquanto isso, quando o assediador lhe disser algo inesperado, dê uma resposta igualmente inesperada.

Tarefa
Peça que sua empresa contrate um especialista para falar sobre as leis relacionadas a assédio sexual.

Lembre aos assediadores que esse comportamento é ilegal e pode custar o emprego deles. Pergunte se querem que você lhes envie por e-mail mais informações sobre o assunto. Naturalmente, se o assédio evoluir para algum toque inapropriado, relate o comportamento imediatamente a um supervisor. Além disso, tome uma posição e demonstre ao assediador que você não é ingênuo.

> Coloque assediadores sexuais na defensiva dizendo o que eles não querem ouvir.

77
Desestimule piadas racistas

Humor é mais do que uma boa risada. É um recurso facilitador no escritório. O humor neutraliza a tensão, eleva a motivação e estabelece laços. Esses elementos positivos têm influência sobre como você encara seu trabalho.

> **Tarefa**
>
> Escreva em uma ficha: "Piadas preconceituosas não têm a menor graça." Faça cópias e coloque uma na caixa de correio de um humorista inconveniente.

Uma pesquisa mostrou que o "humor positivo disseminado" aumenta a satisfação profissional em 5 por cento, conforme revela o autor David Niven no livro *Os 100 segredos das pessoas de sucesso*.

Por outro lado, 41 por cento dos funcionários consideram o humor negativo uma "fonte de divisão no escritório".

Essas estatísticas são bons motivos para que não se contem nem ouçam piadas de mau gosto sobre mulheres, minorias, imigrantes ou deficientes. Quando um colega contar uma piada desse tipo na sua presença, informe que a piada é inadequada. Se os racistas não tiverem público, terão poucos motivos para transmitir material ofensivo.

> O humor adequado contribui para o bem-estar de um escritório.

78
Como pedir a um colega que arrume a baia

Um amigo me contou que certo dia um colega do trabalho colocou roupa suja para pegar ar no escritório. Após exercícios intensos em uma academia das redondezas, o funcionário voltou ao escritório e resolveu pendurar as roupas de ginástica suadas nas divisórias da baia para secar.

O odor gerou tantos protestos que o supervisor mandou o funcionário colocar as roupas novamente na mochila da academia.

> **Tarefa**
>
> Peça que seu supervisor mande um funcionário da manutenção levar uma lixeira grande para seu departamento para que todos possam arrumar a baia e renovar os hábitos de trabalho.

Alguns funcionários não percebem a distinção entre a casa e a baia. Talvez você precise, de vez em quando, lembrar a eles essa diferença e a necessidade de arrumar o pequeno espaço que ocupam no escritório. Um colega que trabalhava com vários arquivos os espalhava em volta da baia. O excesso se alastrava para o corredor. Os funcionários constantemente tinham de passar por cima dos documentos durante o dia. Até que alguém reclamou e ele compactou o sistema de arquivamento errante. Outro colega amontoava livros em pilhas cambaleantes que pareciam desmoronar somente no dia de folga dele. E outra pessoa tinha de arrumar a bagunça.

Quando você pede que amontoadores arrumem o espaço de trabalho deles, muitos devem se perguntar por que tanto estardalhaço e se colocar na defensiva. Por isso, vá com calma. Explique como a bagunça afeta você e dê exemplos. Abrande a abordagem oferecendo ajuda na arrumação. Não pergunte a um amigo como ele consegue viver com tanta bagunça. Dê algumas sugestões sutis sobre onde ele poderia armazenar alguns itens.

"Aja como se estivesse dando um conselho de amigo", recomenda Stephen M. Pollan, autor do livro *Lifescripts: What to say to get what you want in life's toughest situations* [Roteiros para a vida: o que dizer para obter o que deseja nas situações mais difíceis].

"Evite parecer superior. Não o deprecie."

> "Tato é a arte de provar seu ponto de vista sem fazer inimigos." *Howard W. Newton*, compositor.

79
Não leve disputas para o lado pessoal

Um dicionário poderia definir a palavra baia desta forma: "Ecossistema frágil propenso a explosões instantâneas." A proximidade produz um ambiente que crepita com a tensão causada por interrupções repetidas, gritos e outras descortesias. Não é de surpreender que um estudo da Cornell University tenha concluído que "ambientes de escritório aberto, especialmente as baias, reduzem o desempenho e a produtividade individuais".

Tarefa
Procure reduzir o estresse no trabalho fazendo pausas fora da baia.

O segredo para lidar com o conflito nesse ambiente compactado consiste em distanciar-se mentalmente. Comece por se lembrar de que um ambiente compacto exacerba as rivalidades. Se um colega já tiver uma personalidade difícil, é provável que as reações dele sejam ainda mais drásticas no ambiente de sardinha em lata de um escritório formado por baias.

Se um colega chegado a situações dramáticas provocar você, não leve para o lado pessoal. Em um ambiente tenso, uma reação explosiva pode chegar a proporções maiores que a provocação. Se você tiver cometido algum deslize que tenha motivado a agressão, reconheça isso, peça desculpas e siga em frente. Se o colega se tornar ainda mais hostil, desarme-o perguntando: "O que você quer que eu faça?" Isso transfere a responsabilidade para ele e mantém você focado em uma solução. O mais importante é que essa atitude adota uma abordagem positiva para uma situação bastante negativa.

> Colegas difíceis ficam ainda mais difíceis em um ambiente formado por baias. Não leve os acessos deles para o lado pessoal.

80
Como conversar com um colega sobre falta de higiene

A Sociedade Norte-Americana de Microbiologia (ASM) constatou que um terço das pessoas que usam os banheiros de grandes aeroportos dos Estados Unidos saem sem lavar as mãos. É enorme o número de pessoas que têm noções equivocadas de higiene pessoal.

> **Tarefa**
>
> Reúna-se com seus colegas e discuta o que dizer em uma mensagem anônima a alguém que tem um problema de higiene.

A falta de higiene, como muitos devem saber, também é um problema do ambiente de trabalho. Poucos têm coragem, entretanto, de dizer a uma pessoa que ela está com mau cheiro ou que não deve revirar a bandeja de biscoitos com as mãos. Mas, quando você trabalha perto de alguém que tem um problema de higiene, precisa fazer algo para que a pessoa o corrija. Caso contrário, a distração afetará o seu trabalho.

Experimente a tática do amigo secreto para evitar constranger a pessoa. Envie a ela uma mensagem anônima dizendo: "O odor do seu corpo esconde a boa pessoa que você é. Esta mensagem é de alguém que lhe quer bem." Sua compaixão e seu anonimato, provavelmente, terão ótimos resultados.

> Por você e pelos outros, peça que um colega reveja os hábitos dele.

81
Procure ensaiar antes do grande confronto

Não são apenas os atores que ensaiam. Antes de conversar com um colega difícil, procure ensaiar um pouco. Fique de pé diante de um espelho ou sente-se em uma cadeira e imagine que está confrontando seu adversário do ambiente de trabalho.

> **Tarefa**
>
> Antes de confrontar um adversário do ambiente de trabalho, convide um colega para jantar e ensaie com ele.

O ensaio ajuda muito. Por um lado, você não estará ensaiando e representando ao mesmo tempo durante a discussão importante. Assim, ficará mais calmo e mais concentrado. Além disso, o ensaio é um teste que permitirá a você identificar problemas na sua apresentação enquanto ainda tem tempo para corrigi-los e aumentar a sua autoconfiança.

Vá um pouco além no ensaio e peça que um amigo ou parente represente o seu colega e faça o papel do advogado do diabo. Essa estratégia ajudará você a prever objeções do seu colega e preparar respostas.

Seu objetivo com o ensaio não deve ser controlar o comportamento do seu colega. É claro que você não pode fazer isso. O objetivo deve ser impedir que o colega problemático arruíne uma apresentação, a sua, que é muito importante.

> "Autoconfiança e coragem vêm com preparação e prática." *Anônimo*.

82
Como fazer os colegas respeitarem o seu tempo

Uma das pessoas mais ambiciosas que já conheci era uma mãe solteira com três filhos. Depois que tirava a mesa do jantar e ajudava os filhos com o dever de casa, ela fazia o próprio dever de casa: estudar para se formar em Direito. Na ocasião, o tempo era seu bem mais precioso. Era extremamente limitado e havia muitos fatores contrários. Ela controlava o tempo com tanto cuidado que raramente convivia socialmente. Na hora certa, essa gestão rendeu frutos. Ela se tornou advogada e, depois, juíza.

Talvez você considere o tempo um bem finito. Mas é possível que alguns dos seus colegas não o encarem dessa forma. A ociosidade é aceitável para eles porque acreditam que terão sempre muito tempo para compensar. Esses colegas são os ladrões do tempo dos quais você terá de se proteger. Caso contrário, eles roubarão você.

Tarefa
Sugira a um colega que comece e termine no horário a próxima reunião que fizer.

Eles farão reuniões que começarão tarde e terminarão depois do horário marcado. Contarão casos mais longos que as sagas da antiguidade. Se você não estiver vigilante, as constantes mensagens instantâneas de colegas ocuparão todo o período de tempo que você havia separado para pesquisa.

Você terá de assumir o papel de um cronometrista rigoroso. Chegue à reunião na hora e peça desculpas quando houver atraso na programação ou ela fugir ao seu controle. Informe aos contadores de histórias prolixos que você poderá ouvir o restante do caso mais tarde. Avise-os para guardarem suas missivas para depois do prazo final.

Com essa atitude, você concentrará o tempo no que realmente importa no escritório: o trabalho.

> Demonstre por suas ações que você encara o tempo como um bem precioso e não tem a menor intenção de desperdiçá-lo.

83
Não ponha lenha na fogueira

Em matemática, a soma de dois valores negativos resulta em um valor negativo maior. Por outro lado, se somarmos um valor positivo a esse valor negativo, o negativo diminuirá ou desaparecerá por completo.

Tenha em mente esse princípio quando o esquentado do escritório provocar você. Saber neutralizar a negatividade dele com uma vontade positiva direcionará qualquer encontro desagradável para um terreno mais positivo.

> **Tarefa**
>
> Use esta citação como inspiração e motivação: "Acertar as contas com alguém não é passar à frente de alguém." *Cullen Hightower*, escritor.

Uma maneira de fazer isso consiste em usar o elemento surpresa. Não responda a insultos com insultos. Responda com calma. Na verdade, essa tática é difícil. Exige muito mais maturidade do que a maioria das pessoas é capaz de reunir em um confronto. Mas é uma estratégia que colocará você em boa companhia.

No livro *Os 7 hábitos das pessoas altamente eficazes*, Stephen Covey enfatiza a filosofia de vencer/vencer, ou a arte de transformar uma situação negativa em uma vitória para todos. A capacidade de colocá-la em prática é um marco da maturidade emocional.

"Se eu a possuo, consigo ouvir atentamente, compreender com empatia. E também posso discordar corajosamente", afirma.

Quando você dominar a arte de acalmar os ânimos em encontros inflamados, estará pronto para enfrentar qualquer encontro difícil no trabalho com segurança e tranquilidade.

> Concentre uma boa parcela de calma e use-a como extintor de incêndio para os esquentados do escritório.

84
Não deixe as P.D.s desanimarem você

Todo escritório tem suas *prima donnas*, criações de sua própria imaginação e de gestores indulgentes. As P.D.s têm uma boa relação com o chefe. Suas famílias até convivem socialmente. Elas recebem as melhores tarefas e os melhores recursos para executá-las. Nessas circunstâncias, muitos outros funcionários poderiam produzir um trabalho de excelente qualidade, mas as *prima donnas* nunca reconheceriam isso.

> **Tarefa**
>
> Escreva o seguinte aviso: "Não alimente as *prima donnas.*" Consulte-o quando encontrar a *prima donna* do escritório.

Escrevi uma matéria sobre um grupo de caridade que distribuía roupas a mulheres de baixa renda que estavam retornando ao ambiente de trabalho. A matéria informava um número de telefone para doações. Uma *prima donna* do nosso escritório me ligou para dizer que tinha roupas maravilhosas para doar, mas estava muito ocupada e não poderia ligar nem levar as roupas. Ela queria que eu cuidasse de tudo. Informei a ela que eu também estava ocupada. Ela encerrou a conversa aborrecida e passou a agir com frieza comigo desde aquele dia. As *prima donnas* precisam ser mimadas. Não têm o menor escrúpulo ao se impor, mas se sentem menosprezadas quando outros agem da mesma forma. Para o seu bem e o bem do escritório, não alimente as *prima donnas*.

> As *prima donnas* de escritório se consideram superiores a você. Mas você deve considerar esse modo de pensar inferior a você.

85
Descubra o ponto fraco do colega que procura suas falhas

Procuradores de falhas são os charlatães do escritório. Tentam provar sua superioridade intelectual procurando falhas nos outros. Mas, normalmente, não têm alternativas a oferecer. Em vez disso, a crítica feita no momento certo e bem-direcionada é a moeda de troca deles.

Tarefa

Tome a iniciativa para limitar o efeito de procuradores de falhas. Peça que o seu supervisor exija que os críticos contrabalancem críticas com elogios.

Procuradores de falhas acham normal desconsiderar o trabalho árduo de um colega, apressando-se em ressaltar minúsculas falhas na apresentação. Valerie Pierce, autora do livro *Quick Thinking on Your Feet: The art of thriving under pressure* [Como pensar rápido: a arte do sucesso sob pressão], chama esse abuso ao palestrante de "uma maneira bastante indolente de ganhar uma discussão, já que não temos de nos incomodar com o conteúdo dela".

No entanto, a estratégia é impactante. "Tem muita força pois desvia a atenção da vítima. Para quem está na posição do receptor, pode ter um efeito totalmente debilitante."

Felizmente, é possível desarmar com facilidade os procuradores de falhas. E uma pergunta costuma dar conta do recado: "Você teria alternativas para sugerir?" Isso coloca o foco no crítico, que é onde deve estar. Quando isso acontece, o crítico em geral tem muito pouco a dizer.

> "Qualquer idiota pode criticar, condenar e queixar-se – e a maioria deles faz isso." *Dale Carnegie*, escritor.

86
Conheça os seus direitos no local de trabalho

Há poucos anos, a U. S. Equal Employment Opportunity Comission [Comissão de Oportunidades Iguais de Trabalho dos Estados Unidos] deu início a um programa de inclusão com objetivo de orientar trabalhadores adolescentes sobre seus direitos e informando-os dos abusos. Uma das maiores surpresas da agência após a reunião com grupos de jovens foi constatar que os adolescentes não sabiam quais ações constituíam assédio sexual. Muitos haviam enfrentado comportamento incômodo no trabalho sem saber que estavam passando por assédio sexual.

> **Tarefa**
> Compre um livro sobre direitos no local de trabalho.

Realmente, saber é poder no que diz respeito aos direitos no local de trabalho. Conhecer seus direitos é saber que sua empresa deve garantir que o local oferecido é seguro e livre de discriminação e assédio.

Você não precisa tolerar comportamento ilegal. Quando colegas enviarem mensagens inadequadas a você, envie a eles um e-mail alertando-os sobre seus direitos e o risco que eles podem representar para a empresa. Quanto mais você souber sobre direitos, melhor poderá descrever seu caso. Você não tem motivo algum para sofrer abuso em silêncio ou ignorância.

> Ajude a proteger seus direitos no local de trabalho aprendendo quais são eles.

87
Enfrente os intimidadores

Certa vez, entreguei a uma colega informações sobre uma fotografia que eu iria usar com uma matéria que escrevi.

Ela é conhecida pelo temperamento difícil. As pessoas pisam em ovos quando está por perto. Ela passou os olhos nas informações e as empurrou de volta para a minha mão.

> **Tarefa**
> Em uma discussão com um intimidador, mantenha-se focado no que você precisa. A estratégia o ajudará a se manter calmo para elaborar uma resposta eficaz.

"Isto está incompleto!", gritou, alto o suficiente para atrair a atenção das pessoas em volta.

Olhei bem nos olhos dela e disse calmamente:

"Sinto muito que estejam faltando algumas informações. Vou obtê-las. Mas não gosto que falem comigo nesse tom."

Ela pediu desculpas. Obtive o restante das informações. E a discussão terminou. Eu poderia facilmente ter empurrado o papel de volta para ela para desencadear o equivalente a um insulto verbal, mas não caí na armadilha. Se houvesse agido dessa forma, não teria alcançado minha meta de enfrentar um intimidador.

> "A belicosidade é uma forma de coragem, mas uma forma muito negativa." *Sinclair Lewis*, escritor.

88
Estabeleça regras para reuniões de equipe calorosas

O trabalho de equipe pode ser uma experiência empolgante. O fluxo de ideias e a possibilidade de solucionar um problema ou criar um novo produto são arrebatadores. Uma equipe eficiente é uma verdadeira usina de força.

"Quando trabalha com eficácia, uma equipe pode tomar decisões, resolver problemas mais complexos e fazer mais para fomentar a criatividade e aprimorar as habilidades e conhecimentos do que quando os indivíduos trabalham sozinhos", afirma o especialista em gestão Ken Blanchard no livro *Liderança de alto nível: como criar e liderar organizações de alto desempenho*.

> **Tarefa**
>
> Após um prazo final, liste os pontos fortes e fracos da sua equipe atual para determinar as mudanças que precisa fazer.

Mas uma equipe também pode ser uma fonte de total frustração. Quando colegas ineficientes não cumprem prazos ou produzem um trabalho medíocre, invalidam as vantagens de se trabalhar em unidade. Como líder de equipe, você pode ser forçado a tomar medidas corretivas quando um prazo se aproxima, e a situação envolve grande pressão e alto risco. As reuniões de equipe durante esse período podem ser desagradáveis.

"O prazo final traz o pior à tona", comenta Joanne Sujansky, consultora de Pittsburgh, Estados Unidos. Em vez de focar nos aspectos negativos dos membros da equipe quando os procedimentos entram em colapso no último minuto, concentre-se nos pontos fortes de cada membro. Você transmitirá ânimo à equipe.

"É sempre melhor que as pessoas se sintam capacitadas e que estamos trabalhando com elas para determinar como alcançar a meta", recomenda Sujansky. Conversas difíceis sobre desempenho devem ser deixadas para depois do prazo final.

> Quando restaurar a unidade de uma equipe, decida o que ela precisa e quando.

89
Exponha o traidor

Os traidores são como cupins de escritório. Causam muito dano, mas por baixo dos panos. Vivem para ter sucesso à custa dos outros. O *modus operandi* deles é falar bem de si mesmos para o chefe e falar mal dos outros. Eles falam primeiro e verificam os fatos depois, se é que o fazem. A maneira de pôr fim às práticas ofensivas deles é desafiá-los. Eles raramente resistem à franqueza.

> **Tarefa**
> Use esta citação como inspiração: "A maior das homenagens que podemos prestar à verdade é utilizá-la." *Ralph Waldo Emerson*, escritor.

Um funcionário conhecido por espalhar fofoca anunciou um dia a um grupo de colegas, inclusive a Sherry, que o dono da cantina da empresa tratava mal a esposa. Algumas pessoas do grupo murmuraram que talvez devessem pensar duas vezes antes de frequentar o local. Sherry perguntou ao fofoqueiro com que base ele havia tirado aquela conclusão, já que o homem falava com a esposa em árabe. O idioma tem alguns sons fortes e explosivos, que podem passar a impressão errada de que as pessoas estão tendo uma discussão. Ele não soube responder.

Os traidores raramente sobrevivem a acareações. É por isso que são chamados assim, porque apunhalam pelas costas. Se você não os desafiar, acabará na mira de um deles.

> A melhor maneira de controlar o traidor é confrontá-lo com a verdade.

90
Quando um colega se recusa a cooperar

Kayla estava em sua mesa conversando com um cliente ao telefone, mas não conseguia ouvi-lo. Suas vizinhas de baia estavam tendo uma conversa animada, e o barulho abafava a voz do cliente. Ela queria pedir que diminuíssem o tom de voz, mas hesitou. Uma das mulheres era conhecida pelo temperamento explosivo. Kayla acabou ficando cansada de pedir ao cliente para repetir o que dizia. Dirigiu-se à tal mulher e pediu educadamente para que falassem mais baixo. A colega de pavio curto respondeu de imediato:

"Você não baixou o tom de voz quando eu estava falando ao telefone outro dia."

> **Tarefa**
> Se você não se sentir à vontade para fazer pedidos a colegas difíceis, pratique com um amigo.

Kayla, determinada a manter a situação em um nível civilizado e voltar a falar com o cliente, disse com firmeza:

"Você deveria ter me avisado. Desculpe-me por isso. Mas agora eu preciso que você fale mais baixo." A mulher atendeu ao pedido.

Situações como essa somente se resolvem bem quando defendemos nossos direitos. Nenhum colega deve interferir no seu trabalho e, quando você contesta o comportamento perturbador, a conduta correta da pessoa é interrompê-lo imediatamente. Mas colegas teimosos e combativos ficam aborrecidos com esses pedidos e se recusam a atendê-los. A colega de Kayla queria começar um jogo de olho por olho, dente por dente, mas tudo o que Kayla precisava era de uma sala mais silenciosa.

Quando você deparar com resistência semelhante, reafirme o que precisa de maneira calma, direta e firme. Essa é a única forma de fazer um colega teimoso descer de seu frágil pedestal.

> "A teimosia é a força do fraco." *John Kaspar Lavater*, teólogo suíço.

91
Desafie o queixoso crônico

Queixosos crônicos são os teóricos da conspiração do escritório. Eles veem negatividade em toda parte. Os funcionários têm, geralmente, muito de que reclamar, mas os queixosos crônicos levam a lamúria a um nível extremo. Consideram-se os únicos que fazem um bom trabalho ou demonstram dedicação ou integridade. Estão sempre buscando a confirmação dessas crenças e desconsideram todos os fatos que contrariam sua filosofia de vida.

> **Tarefa**
>
> "Mantenha-se longe da influência daqueles que só querem levá-lo de mal a pior." *E.K. Piper*, escritor.

Cortei relações com uma velha amiga do trabalho por conta dos hábitos perniciosos dela. Ela fazia críticas ferozes a muita gente pelas costas, inclusive a pessoas por quem eu tenho o maior respeito. Desafiei a noção dela de incompetência universal enumerando alguns trabalhos de qualidade que alguém havia realizado. Ela minimizava os esforços da pessoa. Não estava interessada em elogiar ninguém. Seu objetivo era derrubar.

Após algum tempo, a queixa constante tornou-se um fardo e a presença dela tornou-se insuportável para mim. Além disso, eu não queria que me considerassem uma queixosa por associação. Por isso, rompi a amizade. Às vezes, a melhor maneira de lidar com uma relação nociva é abandoná-la.

> Escolha como amigos aqueles que compartilham os mesmos valores que você.

92
O celular inconveniente

Uma funcionária que só usa o celular em casa o esqueceu no trabalho durante o fim de semana. O telefone tocava toda hora com um toque estridente de rock. Ela não ligou para avisar aos colegas sobre o fato nem pediu que eles desligassem o aparelho. Simplesmente resolveu deixá-lo tocando. E tocou o tempo todo até que um colega frustrado foi até a mesa dela e o desligou.

> ### Tarefa
>
> Pergunte ao seu supervisor se você poderia redigir uma lista de regras de etiqueta relacionadas ao uso do celular e distribuí-la aos funcionários.

O mau uso do telefone celular é o exemplo perfeito do que atormenta os funcionários em um ambiente de baias. A etiqueta ainda não chegou a esses ambientes.

"As baias fomentam a discórdia, especialmente quando a transformação do ambiente em baias não é acompanhada de um treinamento em civilidade", afirma a autora Giovinella Gonthier no livro *Rude Awakenings: Overcoming the Civility Crisis in the Workplace* [Dolorosas constatações: superando a crise de civilidade no local de trabalho].

O mau uso do celular é uma das manifestações mais evidentes da falta de educação no ambiente de baias. As ofensas variam de falar alto demais e escolher toques de chamada inoportunos a sair e deixar os telefones ligados. Eu adoro a

"Ode à Alegria" e a "Quinta Sinfonia de Beethoven". Mas as detesto como toques de chamada.

Se o celular de um colega estiver causando zumbido nos seus ouvidos, peça educadamente que ele diminua o volume. E, se ele costuma deixar o celular na mesa quando sai para almoçar, impondo a você e aos outros colegas essa tortura, peça que desligue o aparelho ou leve-o com ele. Se ele esquecer o celular depois que você fizer esse pedido, peça permissão para desligá-lo.

> O mau uso do celular piora as condições de trabalho no ambiente de baias.

93
Como manter a privacidade em telefonemas confidenciais

Trabalhei ao lado de um rapaz que tinha diversos problemas de saúde. Com frequência ele falava com os médicos pelo telefone. Um dia triplicou a dose. Falou com o cardiologista, o proctologista e o clínico geral. Como o sujeito não baixou o tom de voz, passei por uma experiência terrível de excesso de informação.

> **Tarefa**
> Converse com colegas sobre o modo como lidam com pessoas indiscretas ao telefone.

Ele falou de questões muito íntimas como se estivesse falando das condições climáticas. E sua indiscrição me deixou incomodada. Havia momentos em que eu simplesmente tinha de sair de perto. Durante essas consultas ao telefone, eu costumava ir até a área do café ou à baia de um amigo. Em outras ocasiões, colocava o fone e ouvia música no maior volume. Apesar de esses métodos conseguirem abafar a voz dele, não atingiam a raiz do problema que eu enfrentava regularmente. As conversas dele eram íntimas demais para serem tornadas públicas.

Por fim, tomei coragem para adotar uma abordagem mais direta, que realmente é a melhor estratégia no momento em que lidamos com um conflito. Quando ele terminou um dos telefonemas, eu disse:

"Adorei essa conferência a três com o seu médico. Espero que você melhore logo."

Depois disso, raramente tive problemas com ele.

Se você quiser que seus colegas demonstrem discrição, talvez precise ajudá-los nisso.

> No trabalho, a discrição é muitas vezes desconsiderada.

94
Visualize o sucesso

Pessoas que praticam a visualização confiam no poder que ela tem de realizar desejos. Quem é adepto dessa prática se concentra em uma imagem mental daquilo que quer que se manifeste em sua vida. Essas pessoas acreditam que, se focarem no que desejam, isso se materializará. Em essência, a visualização é o pensamento positivo com um toque zen.

> **Tarefa**
> Considere a possibilidade de participar de uma sessão de visualização criativa.

O pensamento positivo é uma força incrível.

"Se você pensa que pode ou se pensa que não pode, você está certo", dizia Henry Ford.

Determine o que você deseja alcançar. Talvez queira reagir com mais calma às explosões do seu adversário ou ser mais contundente.

Reserve alguns minutos todo dia para refletir sobre o que deseja. Mantenha o pensamento na sua mente enquanto se concentra na respiração. Prossiga até se sentir relaxado. Mantenha essa imagem na mente o tempo todo.

Quando você se sentir desanimado em função dos embates constantes com um colega problemático, experimente visualizar o sucesso. Você nada tem a perder em dedicar tempo e energia a algo que deseja.

> Todo grande projeto começa com uma dose salutar de pensamento positivo.

95
Como encarar uma festa de aniversário surpresa

Em uma sociedade como a nossa, que discrimina as pessoas mais velhas, alguns funcionários tomam todo o cuidado para disfarçar a idade. Cada vez mais homens estão tingindo o cabelo e recorrendo à cirurgia plástica para parecer mais jovens.

Nesse contexto, a última coisa que as pessoas querem é que alguém chame a atenção para a idade delas com uma festa surpresa de aniversário no trabalho. Os organizadores de eventos desse tipo, geralmente colegas mais jovens, acreditam que as festas são uma maneira divertida de marcar aniversários importantes. Eles estão redondamente enganados.

Tarefa
Faça uma pesquisa entre os colegas mais velhos sobre festas de aniversário. Se eles demonstrarem aversão, peça que enviem um e-mail ao organizador do escritório solicitando que não permita esse tipo de festa.

Conheço trabalhadores que tiram o dia de folga para evitar terem a idade divulgada. Ou pressionam os organizadores para cancelar a comemoração.

Se você estiver apreensivo com a aproximação da data porque não conseguiu tirar folga, relaxe e assuma o comando da cerimônia. Faça uma lista das vantagens de ter mais idade, a exemplo das listas de David Letterman. Quando pedirem para você fazer um discurso, leia a lista, enfatizando cada palavra.

Por exemplo, você poderia dizer:

"Agora que tenho 55 anos, o meu QI supera o da pessoa que organizou esta festa."

Se você assumir o controle da festa, poderá demonstrar o que ela é: muito inadequada.

> Mesmo que você tenha de enfrentar uma festa de aniversário, a festa é sua. Aproveite e assuma o controle.

96
Que almoço nojento!

Dou aula de etiqueta para crianças do ensino fundamental na biblioteca da região. Digo a elas que é falta de educação falar de boca cheia ou assoar o nariz durante as refeições. Quando almoço com colegas do trabalho, sempre penso que devo admitir alunos mais velhos na aula.

> **Tarefa**
>
> Ofereça-se para dar uma aula de etiqueta durante o seu horário de almoço ou após o expediente.

Alguns adultos simplesmente têm hábitos estranhos à mesa. Durante um almoço com cinco colegas na cantina da empresa, quatro deles assoaram o nariz sem virar de costas nem pedir desculpas. Assoar o nariz à mesa lidera a maioria das listas de etiqueta como a ação mais asquerosa que alguém pode realizar durante uma refeição.

A experiência que tive me revirou o estômago. Por pouco não prometi a mim mesma nunca mais almoçar com nenhum dos meus colegas assoadores de nariz. Mas eu os achava interessantes. E o almoço é uma ótima oportunidade para conhecer melhor os colegas e a cultura da empresa.

Em um almoço com um dos transgressores, logo depois que ele assoou o nariz, informei-lhe que, por causa dele, estava tendo dificuldade para encarar meu iogurte. Ele se desculpou. E, no almoço seguinte, saiu do recinto para assoar o nariz. Eu voltaria a ter uma hora de almoço agradável.

É constrangedor apontar as falhas dos colegas, mas, se o preço por não apontá-las for muito alto, você precisa se manifestar.

> Quando os maus hábitos de um bom colega incomodarem você, ajude-o a mudá-los.

97
Como lidar com o inconveniente crônico

O inconveniente crônico é o narcisista do escritório. Ele acredita que as próprias necessidades são as mais importantes, deseja que sejam atendidas na mesma hora e insiste para que o mundo inteiro faça isso.

Uma colega insistiu em me mostrar algumas fotos das férias que passou com a família justamente quando eu estava às vésperas de um prazo final. Disse a ela que olharia mais tarde. Uma hora depois, eu ainda estava trabalhando pesado, quando ela perguntou novamente se eu queria ver as fotos. Falei novamente que olharia mais tarde.

> **Tarefa**
> Pense em algumas frases incisivas para dizer àqueles que interrompem. Pratique-as com um colega.

No terceiro pedido, eu tive de dar uma resposta mais direta:

"Como eu disse, estou ocupada agora. Quando puder ver as fotos, eu aviso."

Isso acabou com a insistência. Conforme eu havia prometido, quando terminei o trabalho, dei uma olhada nas fotos.

Seria fácil para mim me recusar a olhar as fotos, pois a mulher era muito irritante. Mas era importante manter a palavra e eu queria realmente compartilhar a alegria dela em relação às fotos.

Você precisa estabelecer limites para as pessoas que interrompem as outras com frequência, pois elas não são capazes de fazer isso. Nas reuniões ou em conversas descontraídas, peça que eles parem de interrompê-lo. E, na reta final de um prazo, faça com que adiem as solicitações.

Se você não estabelecer limites, o comportamento inoportuno norteará o relacionamento. E pessoas assim são muito imaturas emocionalmente para ficar no comando.

> Defina limites para evitar ser interrompido.

98
Não deixe que um colega agressivo comande a reunião

Já vi isso acontecer muitas vezes. Um funcionário preside a reunião e colegas antipáticos resolvem minar a autoridade dele. Os antipáticos adoram desafiar a autoridade de um colega quando há um gerente por perto. Nada os deixa mais contentes do que engendrar a sua derrocada com o testemunho do chefe. Os arruinadores de reunião geralmente são bem-sucedidos com quem está despreparado ou inseguro. Fracassam quando a pessoa que conduz a reunião deixa claro, com sua determinação e eficiência, que está no comando.

> **Tarefa**
>
> Antes de entrar em uma reunião, use esta citação como fonte de inspiração: "Se você comandar com sabedoria, será obedecido com alegria." *Thomas Fuller*, escritor e religioso britânico.

Em primeiro lugar, lembre-se de que você tem a autoridade para conduzir a reunião. Tudo depende disso: os tópicos a serem abordados, o reconhecimento dos palestrantes, o limite de tempo para exposição. Se um colega prepotente ficar falando sem parar, peça que conclua a exposição dele para que outros possam apresentar seus pontos de vista. Se a pessoa falar fora de hora, peça que espere. Quando os arruinadores de reunião são bem-sucedidos, levam você a agir na defensiva. Com isso, você perde credibilidade e autoridade. Conhecer alguns mecanismos pode ajudar você a manter o controle de uma reunião.

> Parafraseando uma passagem bíblica: "Nenhuma reunião pode servir a dois senhores."

99
Fique atento à diferença de gerações

Trabalhar com várias gerações de colegas pode ser uma experiência enriquecedora, mas o preconceito e a arrogância podem transformar esse bem no risco de uma batalha de gerações. Eu disse a uma colega mais jovem que estava entusiasmada em participar de uma corrida de 5,5 quilômetros, promovida pela empresa, da qual ela sempre participava. Ela logo respondeu:

"Ah, sim, você pode caminhar."

Devolvi:

"Também tenho a opção de correr, e é o que pretendo fazer."

No relacionamento com um colega de outra geração, aproveite ao máximo os encontros.

> **Tarefa**
> Convide um colega mais jovem para almoçar.

Para isso, verifique seus preconceitos. A geração do pós-guerra foi a primeira a aderir de corpo e alma aos exercícios físicos. Hoje, está na faixa entre os 40 e 60 anos e ainda os pratica.

Se você for mais velho, reduza a diferença compartilhando algumas das melhores experiências que teve nos anos em que trabalhou na empresa. Muitos trabalhadores mais jovens valorizam a história do escritório e têm muito orgulho em trabalhar em uma empresa que tem um passado memorável.

Compartilhar suas vivências saciará a sede de informação que eles têm e, ao mesmo tempo, estabelecerá laços.

Se você for mais jovem, ofereça ajuda quando um colega de mais idade tiver um problema técnico que você possa resolver. Se for mais experiente e mais velho, talvez você tenha conhecimentos preciosos sobre a área em que atua. Compartilhe esses conhecimentos quando os colegas pedirem. Uma colega mais nova me considera a gramática do escritório. Quando pede ajuda, tenho grande satisfação em compartilhar meus conhecimentos com ela.

Você não deve, de forma alguma, tratar alguém mais velho ou mais jovem com ar de superioridade. E não finja saber tudo em virtude dos anos de experiência ou do excesso de segurança. Fique atento à diferença de gerações, e você construirá pontes, em vez de destruí-las.

> "Muitas pessoas acreditam que estão pensando quando estão apenas rearrumando os seus preconceitos."
> *William James*, filósofo.

100
Desestimule a fofoca

No reino dos fofoqueiros de escritório, os bisbilhoteiros são os mais determinados e ardilosos. Reúnem informações por meios furtivos para colocar os colegas na pior condição possível. Usam esses dados para passar a perna no oponente e receber uma promoção. Plantam as sementes da dúvida em relação à capacidade do colega. Como dizia o filósofo e matemático britânico Bertrand Russell: "Ninguém fofoca sobre as virtudes secretas das outras pessoas."

> **Tarefa**
>
> Desafie um bisbilhoteiro a dizer algo positivo sobre seus alvos.

O *modus operandi* do bisbilhoteiro é se posicionar próximo a uma conversa e sintonizar nela como se estivesse em uma missão de reconhecimento militar. De certa forma, realmente estão. Tome cuidado para não colaborar com o bisbilhoteiro. Fique atento às pessoas à sua volta quando estiver discutindo questões confidenciais com outro colega. Se você precisar dar um telefonema relacionado a questões pessoais confidenciais, modere o tom de voz. Se um bisbilhoteiro atento captar algo na sua conversa e, posteriormente, vier indagar sobre o assunto, diga que era particular e que espera que ele respeite isso.

A melhor maneira de enfrentar bisbilhoteiros é impedir que eles ouçam qualquer informação particular. Sendo assim, se você trabalha em uma baia, peça emprestada a sala de um gerente para dar telefonemas confidenciais. Se isso não for possível, faça a ligação antes ou depois do horário de trabalho, quando houver bem poucas pessoas no local.

> Não se torne uma presa fácil para os bisbilhoteiros.

101
Oferecendo ajuda

"Você não pode contribuir para algo significativo sem ser transformado", afirma o especialista em gestão John Maxwell no livro *O líder 360 graus*. "Se quiser ser melhor, faça parte de algo maior do que você."

Esse "algo maior" poderia ser orientar um colega que está tendo dificuldade no trabalho. Sua generosidade favorecerá a você e à empresa. Um dos problemas de tornar o escritório enxuto é o corte do tempo extra necessário ao desenvolvimento dos funcionários. Os gerentes sofrem tanta pressão que precisam adotar a estratégia de deixar os novos funcionários entregues à própria sorte. Como funcionário experiente, você poderia preencher essa lacuna.

Tarefa
Leia um livro ou participe de uma sessão sobre como estabelecer o início de uma orientação.

Como saber se vale a pena orientar determinado colega? Alguns especialistas afirmam que é necessário avaliar se um funcionário é capaz de ser treinado. Esse funcionário não tem receio de admitir as próprias deficiências e pergunta o que precisa fazer para melhorar.

Você pode ajudá-lo a alcançar o que seria impossível sem a ajuda de um mentor.

> A orientação bem-sucedida é uma estratégia de ganho mútuo para você e a sua empresa.

102
Domando o monstro da inveja

Menos de duas horas após ocupar o cargo de diretor executivo do gigante farmacêutico Pfizer Inc., Jeffrey B. Kindler começou a resolver desavenças. Segundo o *Wall Street Journal*, Kindler entrou em contato com os dois rivais que perderam a disputa para ele.

"Preciso da ajuda de vocês. A empresa precisa da ajuda de vocês", disse-lhes Kindler.

> **Tarefa**
> Envie uma nota de agradecimento a um colega que perdeu para você a disputa por uma promoção. Diga a ele que deseja muito tê-lo em sua equipe.

Até mesmo nos níveis mais elevados, os executivos precisam se empenhar em domar o monstro da inveja. Funcionários em níveis inferiores da hierarquia devem fazer o mesmo. Se você vencer um colega na disputa por uma promoção, também terá de resolver desavenças, especialmente se continuar a trabalhar diretamente com esse colega. Transforme veneno em mel pedindo conselhos frequentes ao funcionário e agradecendo ao recebê-los. Convide-o para almoçar e lembre como as contribuições dele são importantes para a empresa.

Você pode não ser capaz de impedir sentimentos de inveja, mas pode ajudar a transformá-los em emoções proveitosas para você e seus colegas.

> Um monstro da inveja domado é menos propenso a morder.

103
Certifique-se de que o chefe conhece a sua versão dos fatos

Uma assistente administrativa que trabalhava para Vernice, a proprietária de uma empresa de marketing de Kansas City, Missouri, nos Estados Unidos, era a fofoqueira do escritório e usava esse papel para exercer poder na ausência da chefe. Vivia dizendo:

– Espere até Vernice saber disso.

Assim que Vernice chegava, ela ia correndo relatar uma longa lista das supostas transgressões dos colegas. Estava tentando ganhar prestígio à custa dos colegas.

Tarefa

"A verdade abomina o vácuo." Escreva este antigo conselho em um Post-it e cole no seu computador como lembrete para garantir que seu chefe ouça a sua versão dos fatos.

Se o arqui-inimigo do seu escritório é assim, visite o chefe de vez em quando para saber o que ele tem ouvido. Um bom gerente não dá importância ao que os fofoqueiros dizem, mas há quem os leve a sério.

Quando tiver uma audiência com o chefe, não faça fofoca para se vingar do colega. Considere a sua visita uma oportunidade de fornecer informações atualizadas ao seu chefe, por exemplo, sobre um projeto da equipe no qual você está trabalhando. Comente as divergências que você teve com esse colega e informe como as resolveu. Isso deve demonstrar ao chefe quem é mais confiável como portador de notícias.

O fofoqueiro é o ponto cego do escritório. Amplie seu campo de visão garantindo que o chefe conheça a sua versão dos fatos.

104
Recuperando-se de uma falha

A assistente administrativa Cindy sofria estresse constante causado por uma colega desagradável. A colega excessivamente crítica era perfeccionista e sempre reclamava de Cindy.

A gota d'água foi quando a funcionária se queixou por ter de atender os telefonemas depois que Cindy saiu durante a tarde para uma consulta médica.

> **Tarefa**
> Mantenha um par de tênis no escritório. Calce-os e caminhe um pouco para liberar a tensão quando sentir que um colega está abusando de sua paciência.

Duas horas depois, quando Cindy voltou, ela lhe perguntou o que considerava uma longa ausência. Sentindo-se oprimida, Cindy teve uma reação explosiva e xingou a funcionária. Os colegas não acreditaram no que estavam presenciando. A adversária permaneceu calma. O chefe repreendeu Cindy, e não a outra funcionária.

Certo ou errado, você deve fazer o controle dos danos quando um adversário o levar a perdê-lo. Não tente justificar o erro. Peça desculpas ao chefe pelo acontecimento desagradável. Expresse arrependimento aos colegas durante o almoço. Controle suas observações. Apenas admita que a manifestação de raiva foi inadequada e que você sente muito pelo inconveniente. Quando você é sincero, as pessoas perdoam e esquecem. Afinal, elas devem conhecer as artimanhas do seu adversário e sabem que poderiam ter reagido da mesma forma.

> "A maior glória não está em nunca cair, mas em reerguer-se após a queda." *Confúcio*, filósofo.

105
Fortaleça sua autoestima

A pessoa mais capacitada para garantir o seu sucesso no trato com pessoas difíceis é você mesmo. É claro que você pode precisar, em alguns casos, recorrer à ajuda de colegas ou de um supervisor. Mas, na maior parte das vezes, terá de encarar sozinho os colegas problemáticos. Se houver pontos fracos no seu sistema de defesa, fortaleça-os.

Tarefa

Compre um livro com passagens motivacionais.

Por exemplo, se você passou a vida evitando conflitos ou costuma ceder quando um colega prepotente discorda de você, é possível que sofra de baixa autoestima. Para pessoas com autoimagem fraca, qualquer conflito, principalmente do escritório, produz uma sensação insuportável de impotência. Construa um sentimento de poder, primeiramente reconhecendo a baixa autoestima e, depois, descobrindo como levantá-la. Procurar um bom livro sobre o assunto é um ótimo começo. Um dos meus preferidos é *Autoestima: como está a sua? – Um programa de técnicas para melhorar sua autoestima*, de Matthew McKay e Patrick Fanning. Se seus problemas estiverem profundamente arraigados, talvez você precise fazer terapia para superar a baixa autoestima. Sua empresa poderá cobrir boa parte dos custos das sessões de orientação, se não todos, através de um programa de assistência ao funcionário. Os benefícios que você receberá ao investir no seu bem-estar emocional serão enormes. Você descobrirá que, quando age com base em uma estrutura sólida, os encrenqueiros do escritório não o tiram do sério.

> "Nada pode impedir uma pessoa com a atitude mental correta de realizar seu objetivo; nada na Terra pode ajudar uma pessoa com a atitude mental errada."
> *Thomas Jefferson*, ex-presidente americano.

106
Peça conselho a um colega

Uma amiga de longa data, que acabara de receber um Ph.D., me ligou aos prantos. Ela estava convencida de que a ex-orientadora, com quem tinha divergências frequentes, estava minando seus esforços para conquistar uma vaga para lecionar em uma universidade. Minha amiga comentou que já havia se candidatado a setenta universidades.

Segundo ela, algumas pareciam interessadas inicialmente, até consultar sua antiga faculdade. Ela havia desistido.

> **Tarefa**
>
> Em uma folha de papel, desenhe bolas de sorvete imaginárias. Rotule-as com suas opções para lidar com um adversário do escritório. Peça sugestões aos amigos. Desenhe bolas de sorvete para as ideias deles. Em outra folha de papel, crie um sorvete de casquinha com as melhores ideias.

Lembrei que os Estados Unidos têm cerca de 2.600 faculdades e universidades reconhecidas. Minha amiga havia entrado em contato apenas com uma pequena fração. Com tantas instituições no país, ela estava entregando os pontos prematuramente. Antes que se candidatasse a outra vaga, sugeri que tivesse uma conversa franca com a orientadora para ver se poderiam fazer uma trégua e formular uma nova resposta para dar quando possíveis empregadores entrassem em contato. Minha amiga ficou animada com a sugestão.

Antes de se dar por vencido em relação a um colega difícil, aconselhe-se com um de confiança. Outra pessoa poderá ver oportunidade onde você só consegue ver derrota.

> Mais olhos e ouvidos: mais oportunidades.

107
Solicite reforço

Kelly era novata na empresa e sentia-se constrangida com as cantadas de um colega bem mais velho. Ele a convidava para almoçar na cantina e oferecia carona na saída do trabalho. Às vezes, colocava uma cadeira perto da baia dela para conversar. Sem saber como expressar seu constrangimento, ela confidenciou o problema a uma colega mais velha. Essa funcionária mandou que o sujeito parasse de importunar Kelly. Ele protestou, mas acabou deixando-a em paz.

> ### Tarefa
> Faça uma lista mental das pessoas que você acredita que intercederiam a seu favor junto a um funcionário difícil. Mantenha essa lista à mão.

Às vezes, é muito difícil se manifestar em relação a um comportamento inadequado. Se você é novo no emprego, é jovem ou simplesmente está determinado a causar uma boa primeira impressão, estará menos inclinado a enfrentar um intimidador, traidor ou assediador. No entanto, os colegas mais experientes talvez se sintam perfeitamente à vontade para falar em seu nome. Aproveite essa oportunidade.

> A palavra "colega" indica que estamos todos no mesmo barco.

108
Abrande a crítica com um elogio

Bob Miglani cresceu servindo cachorro-quente e sorvete de casquinha com calda de chocolate na loja Dairy Queen da família, em Nova Jersey, nos Estados Unidos. Quando um cliente deixava um sorvete cair no chão, a loja fornecia outro grátis. Sem perguntas. Sem discussões.

Por que adotar uma política que parece beneficiar muito mais o cliente do que a loja? "Porque é o certo a fazer e preserva a integridade dos nossos negócios", responde.

> **Tarefa**
>
> Para facilitar o processo de elogiar um inimigo, imagine que essa atitude faz parte de "Um dia às avessas".

Para preservar a integridade do seu relacionamento com um colega difícil, talvez você precise, às vezes, fazer algo inesperado. Você poderia elogiar o colega quando ele fizer algo certo. Não vai ser fácil. É preciso muita coragem para superar o instinto natural de depreciar tudo o que um encrenqueiro faz.

Quem tem habilidade para lidar com o público sabe o quanto é importante buscar um ponto de equilíbrio. Mesmo diante de clientes furiosos, esses profissionais conseguem superar a raiva e admitir quando os clientes têm razão. Esses profissionais simplesmente conhecem o poder de pacificação do elogio sincero.

> Nas relações interpessoais, às vezes o inesperado é a sua melhor arma.

109
Recuse e-mails ofensivos

O ex-diretor executivo da Boeing Co. foi convencido a suspender a aposentadoria para comandar a empresa durante um período de turbulência. No entanto, o executivo, que é pai e avô, foi forçado a deixar o cargo após o caso amoroso com uma executiva da empresa ser revelado por uma sequência de e-mails com conteúdo erótico.

Tarefa
Redija uma resposta-padrão para enviar aos colegas que encaminharem e-mails ofensivos a você.

E-mails questionáveis já causaram muitos problemas sérios no local de trabalho e é provável que causem muitos mais, pois as empresas estão cada vez menos tolerantes com o descuido no uso do e-mail. No entanto, alguns funcionários ainda não perceberam isso e continuam trocando e-mails racistas e pornográficos. Consideram o material inofensivo e divertido e ficam ansiosos em compartilhá-lo. Algumas empresas, porém, não estão achando a menor graça e já demitiram sumariamente funcionários por terem enviado e-mails ofensivos.

Ignore esses e-mails ou peça que o colega pare de enviá-los. Nunca foi tão perigoso trocar e-mails arriscados.

> Entre você e o desemprego há apenas um e-mail ofensivo. Nunca encaminhe e-mails desse tipo.

110
Mude de lugar se for preciso

Quando você precisa mudar de mesa? Carla teve de pensar nessa possibilidade ao lidar com uma líder de equipe adepta da microgestão. Ela reescrevia os relatórios de Carla e, sob vários aspectos, os piorava. Às vezes, assumia o crédito pela pesquisa. Mas, quando inseria erros, culpava Carla. Quando Carla reclamava, ela retaliava "esquecendo-se" de passar informações sobre reuniões de última hora.

Tarefa
Faça uma lista dos prós e contras de continuar trabalhando com um colega difícil. Some os itens de cada lado. O que tiver o número mais alto vence.

O tormento de Carla não terminava aí. A mulher se sentava ao lado dela e tinha o hábito de fazer comentários sobre as conversas de Carla com os clientes. Carla falou várias vezes com o superior da colega. A retaliação parava durante um tempo, mas sempre recomeçava. Por fim, Carla solicitou e conseguiu a transferência para uma nova equipe e uma nova mesa.

Ela se considerou fraca por não conseguir resolver a situação com a funcionária. Mas, no fim das contas, se o seu lugar no escritório está impedindo que você faça um bom trabalho, você precisa mudar.

> "Posicione-se em outro ambiente; é para isso que serve a mente." *Margaret Atwood*, escritora.

111
Conheça o eremita do escritório

Kate sempre comentava que um colega passava por ela no corredor e não dizia absolutamente nada. Quando ela se arriscava a cumprimentá-lo, a resposta era um grunhido. Ela ficou com tanta raiva que acabou desistindo.

Tarefa
Use esta paráfrase do filósofo norte-americano Eric Hoffer como perspectiva: "Um homem sozinho está em má companhia."

Um dia, entretanto, o tal sujeito veio até a baia de Kate e a cumprimentou como se houvesse tomado conhecimento repentinamente da existência dela. Acontece que ele precisava de um número de telefone, e Kate o forneceu. Na vez seguinte em que eles se encontraram no corredor, ela teve a intenção de cumprimentá-lo, mas ele havia retornado ao comportamento habitual. Isso a deixou com mais raiva ainda. Ela se sentiu usada. Mas era perda de tempo levar o menosprezo para o lado pessoal. O eremita tratava a todos da mesma forma.

Imagine, simplesmente, um dia sem compartilhar uma boa piada ou sem um ombro amigo para nos confortar. Essa é a realidade do eremita do escritório. Ele é mais digno de pena do que de raiva.

> O eremita do escritório prefere a casca, não um colega bem-intencionado com um quebra-nozes.

112
Escolha as suas batalhas

Recebo muitas cartas com lista de reclamações sobre colegas problemáticos que envolve tantas áreas que fica difícil saber por onde começar. A ladainha indica funcionários que estão atacando em um número excessivo de frentes.

> **Tarefa**
>
> Verificação da situação real: durante um dia, liste os assuntos que você abordar. Se as reclamações forem as campeãs, reduza-as.

Os encrenqueiros sempre dão muitos motivos para reclamação. Mas, se você se queixar de todas as infrações, acabará se tornando um resmungão, que é outra categoria de funcionário problemático.

Escolha as batalhas que deseja enfrentar. Caso contrário, a reclamação constante afastará os colegas de cujo apoio você precisa.

Se você notar que seus colegas mudam de assunto rapidamente quando você fala dos problemas do escritório, essa é a deixa para reduzir as queixas. Escolha bem as suas batalhas e os momentos em que deve falar sobre elas.

"Fanático é quem não consegue mudar de ideia nem mudar de assunto." *Sir Winston Churchill*, estadista britânico.

113
Que tormento, vou viajar

A única situação pior do que ficar em um escritório com um colega que lhe causa azia é fazer uma viagem de negócios com ele. Se ele é antipático no escritório, será insuportável no espaço ainda mais limitado de um carro ou avião.

> **Tarefa**
> Antes de uma temida viagem de carro, escreva as suas opções para evitar uma conversa com um colega intrometido.

Os fanfarrões são especialmente difíceis de aguentar em trânsito por causa do falatório incessante. Mantenha o mínimo de conversa inoportuna seguindo o exemplo dos viajantes experientes. Leve um bom suprimento de distrações: iPod, laptop e livros. E diga ao colega falador que você precisa de tempo para aprimorar uma apresentação.

Seja educado e participe de conversas breves de vez em quando para evitar que o relacionamento fique ainda mais tenso. Mas não dê mais atenção ao companheiro de viagem do que você daria no escritório.

> Certifique-se de estar bem equipado para sobreviver a uma viagem com um adversário do escritório.

114
Quando recorrer à ação judicial

Muitos funcionários são levados a processar seus empregadores porque os gestores menosprezam ou desconsideram suas queixas de maus-tratos, ou os estigmatizam como encrenqueiros por denunciar um mandachuva.

Mesmo assim, antes de levar a causa aos tribunais, esgote todas as outras possibilidades. Você informou o problema ao supervisor? Se ele não tiver tomado providência alguma, você foi ao superior na hierarquia?

> **Tarefa**
>
> Ligue para um amigo e peça uma segunda opinião antes de decidir se deve ou não entrar com uma ação judicial.

Até mesmo os advogados que representam funcionários divulgam notas de advertência sobre o custo elevado desses processos em termos de tempo, dinheiro e privacidade. Nada deve impedir você de agir quando seus direitos no local de trabalho forem violados. No entanto, considere a possibilidade de uma ação judicial somente quando não conseguir identificar nenhuma outra maneira de impedir o comportamento ilegal.

> Uma ação judicial deve ser o último recurso.

115
Recuperando a confiança

Em algum momento, é possível que seu adversário de longa data peça desculpas e deseje restabelecer uma relação de amizade. Você deve aceitar o pedido de desculpas. Mas não confunda desculpa com confiança. A confiança demora a se desenvolver novamente.

"Confiar nos outros significa contar com a honestidade e a capacidade deles de cumprir as promessas que fazem a você", afirma a escritora Cynthia Wall no livro *The Courage to Trust: A guide to building deep and lasting relationships* [A coragem de confiar: um guia para estabelecer relacionamentos profundos e duradouros].

> **Tarefa**
> Quando um adversário pedir desculpas pelos atos que cometeu, estabeleça uma lista de esforços que você poderia fazer para ajudá-lo a restabelecer a confiança. Use-a como guia.

Um pedido de desculpas não é capaz de produzir uma nova base para a confiança. Mas o tempo e a dedicação têm essa capacidade. Mantenha os canais de comunicação abertos para restabelecer a confiança.

Enquanto isso, fique alerta e só baixe a guarda quando tiver certeza de que os esforços do seu oponente são sinceros e dignos de confiança.

> A confiança raramente surge da noite para o dia.

116
Estabeleça rituais de enfrentamento

Escritores famosos de todos os tempos estabeleciam rituais para preparar a mente. O poeta alemão Friedrich von Schiller mantinha maçãs podres na mesa para inalar o aroma. Edgar Allan Poe escrevia melhor com um gato deitado nos ombros.

"Os rituais nos ajudam a alterar o foco, fazer transições, mudar nossos estados mentais", afirma Naomi Epel no livro *The Observation Deck* [O deque de observação].

Tarefa

Faça uma pesquisa na internet ou procure livros que ofereçam ideias sobre como estabelecer rituais eficientes.

Crie seus rituais para enfrentar os encontros antagônicos no trabalho com mais facilidade. Quando uma conversa ficar tensa, puxe de leve seu dedo mínimo para se lembrar de permanecer calmo. Esfregue o braço ou revire as moedas no bolso. Recite mentalmente uma passagem preferida. Essa estratégia não representa uma fuga inteligente. Ao contrário, é a travessia para um porto seguro que proporcionará abrigo durante uma tempestade de raiva.

> A consistência de um ritual pode propiciar uma fonte de força na desavença com um colega.

117
Cuidado com o falso confidente

Tenha cuidado com o falso confidente que tenta arrancar informações com um apelo do tipo "ah, vamos, você pode se abrir comigo". Quando alguém age dessa forma, isso indica que não há base para confiança.

O principal objetivo de quem se esforça para extrair informações é passá-las adiante.

> **Tarefa**
> Inspiração: "Ninguém gosta tanto de segredos quanto aqueles que não querem guardá-los." *Charles Caleb Colton*, jornalista esportivo britânico.

Guarde seus segredos até ter certeza de que está lidando realmente com um confidente, que, por sinal, é uma verdadeira raridade. Se você contar seus segredos mais íntimos a um confidente duvidoso, correrá o risco de os espalhar aos quatro ventos. Além disso, casos antigos ou críticas de um gerente poderão voltar a assombrar você quando estiver participando da disputa por uma promoção com um arqui-inimigo que conhece seus segredos. No mundo de hoje, informação é poder. Tome cuidado para não dar poder ao inimigo.

> Nunca pressuponha que alguém é um confidente.

118
Torne-se um líder natural

No âmago de antigos conflitos pessoais, geralmente há um gestor fraco que simplesmente não lidera a equipe. Ele promete enfrentar um intimidador, mas odeia entrar em conflito e acaba sempre esperando que os problemas desapareçam. David trabalhava para um chefe assim, que era conhecido como ótimo ouvinte, mas adepto da inércia. David queixou-se com ele da falta de cooperação de um colega. O chefe balançou a cabeça concordando e prometeu investigar a situação. Mas não tomou providência alguma. Quando você deparar com um gerente que não administra conflitos, terá de convocar a reserva: você mesmo. Lidere o líder pelo exemplo. Mark Sanborn, autor do livro *Você não precisa ser chefe para ser líder*, chama os subordinados que assumem papéis de liderança de "líderes sem cargo".

> **Tarefa**
>
> Em uma folha de papel, liste as atitudes que podem transformar você em um "líder sem cargo" no trato com funcionários difíceis.

"Lembre-se de que influência e inspiração emergem da pessoa, não do cargo que ela ocupa", comenta Sanborn.

Às vezes, você é a pessoa mais indicada para a tarefa de deter um intimidador. Mostre a seu chefe que é necessário exercer liderança para se qualificar como líder.

> Às vezes, os melhores líderes são aqueles que chegam ao cargo naturalmente.

119
Promova o respeito

Os gestores definem as regras do escritório. A rispidez deles gera rispidez entre os funcionários.

Seja qual for o nível hierárquico do mal-educado, promova o respeito. E faça isso até mesmo nos menores gestos. Se um supervisor interromper sua conversa para falar com um colega, e esse colega virar de costas para você sem pedir desculpas, tome a iniciativa de definir outra regra.

> **Tarefa**
>
> "A verdadeira vida é vivida quando pequenas mudanças ocorrem." *Leon Tolstói*, escritor russo.
> Consulte essa citação para se lembrar da importância dos pequenos gestos de cordialidade.

Diga ao seu colega: "Desculpe interromper. Continuaremos a nossa conversa mais tarde." Ou: "Vejo que vocês precisam conversar. Com licença."

Essa atitude passa a mensagem de que você deseja ser tratado com respeito, sejam quais forem as circunstâncias ou o nível hierárquico de quem está interrompendo a conversa. Pequenos gestos de cortesia não parecem difíceis de promover. Mas contribuem bastante para criar relacionamentos em que não há espaço para falta de educação.

> Assuma a liderança sendo cordial e assim neutralize o comportamento ríspido no escritório.

120
Torne-se um mediador entre seus colegas

Muitas escolas de ensino médio têm programas de mediação entre colegas, que treinam alunos na arte de resolver divergências de forma pacífica. A atuação de colegas como mediadores é conveniente porque os alunos se identificam uns com os outros.

Você poderá se tornar um mediador natural entre seus colegas no escritório. Se isso acontecer, coloque seu talento em ação. Foi o que Katie fez depois que uma discussão violenta entre dois colegas por pouco não chegou à agressão física.

> **Tarefa**
> Se você tiver talento para negociação, mas deseja mais treinamento, pense na possibilidade de participar de um seminário sobre resolução de conflitos.

Mike queria contar uma piada que viu na internet a Jason, que se senta a algumas baias de distância. Mike contou a piada bem alto para que Jason pudesse ouvir. Jason achou a piada ofensiva e chamou Mike de burro e racista. Mike sentiu-se envergonhado e foi pedir desculpas a Jason. Jason mandou-o ir embora e jurou que nunca mais falaria com ele. Atormentado, Mike recorreu a Katie. Ela prometeu falar com Jason, mas disse que Mike teria de evitar piadas questionáveis.

Uma semana depois, quando Jason reiterou seu ódio por Mike, Katie percebeu a oportunidade de entrar em cena. Ela disse a Jason que entendia o motivo da raiva dele e que também achava a piada inadequada. Mas também comentou que Mike tinha um bom coração, que costumava ser obscurecido pela falta de traquejo social. Ela incentivou Jason a aceitar o pedido de desculpas da próxima vez. Foi o que ele fez.

> Negociadores natos são agentes pacificadores insubstituíveis no escritório.

121
Quando um colega não paga a dívida

Ouço muita queixa de colegas sobre funcionários que pedem dinheiro emprestado e nunca pagam. Os credores se sentem constrangidos em cobrar por considerarem uma atitude indelicada. Por isso, eles se conformam em apenas reclamar dos colegas que não pagam. Algumas pessoas que pegam dinheiro emprestado simplesmente não dão grande prioridade à quitação das dívidas.

> **Tarefa**
>
> Quando um colega não pagar uma dívida, tente esta fala bem-humorada: "Você mandou o dinheiro em lombo de mula?"

Você deve estabelecer uma política de empréstimo que garanta a recuperação da quantia. Empreste alguns dólares a colegas para pagar o almoço se eles pedirem. Se não devolverem depois de algumas semanas, cobre deles. Em alguns casos, você descobrirá que eles simplesmente se esqueceram.

Tente usar de humor se necessário para que o colega se lembre de pagar, dizendo algo como: "Estou cobrando tudo o que me devem. Liquide a sua dívida logo para evitar os juros altos."

Se o seu colega continuar protelando o pagamento, esqueça a dívida e tome a decisão de nunca mais emprestar dinheiro a ele.

> "Cuidado ao emprestar dinheiro a um amigo. Isso pode fazer mal à memória dele." *John Ruskin*, escritor britânico.

122
Divirta-se apesar da turma do contra

Quando se trabalha com queixosos, é difícil tomar coragem para comemorar algo positivo no escritório. Mas é exatamente isso que você deve fazer: focar no aspecto positivo. Comemore promoções, aniversários de quem ainda os aprecia, casamentos ou nascimentos. Não permita que os queixosos convençam você a desistir de fornecer um alívio temporário ao mau humor deles.

> **Tarefa**
> Envie um e-mail pedindo que os colegas escolham a melhor data para a próxima festa.

Basta seguir algumas regras de etiqueta para não dar à turma do contra outro motivo para reclamação. Estabeleça uma quantia mínima para a coleta de contribuições. Defina um valor razoável para que ninguém se sinta explorado. Se preferir, peça que as pessoas tragam algo para comer.

No dia da festa, comece no horário para que não haja uma multidão circulando e procure manter o nível mínimo de barulho para não incomodar os colegas que estiverem determinados a trabalhar em vez de participar da festa do escritório.

Depois da festa, lembre-se de enviar um e-mail agradecendo a todos que contribuíram e ajudaram a tornar o ambiente do escritório mais animado, ainda que apenas por um dia.

> Desafie os resmungões do escritório. Comemore!

123
Cuidado com o "leitor de mentes"

Todo escritório tem um funcionário que afirma conhecer o chefe melhor do que ninguém. Ele costuma fazer essas alegações com ar de autoridade para manter outros funcionários sob controle. Uma colega com quem trabalhei em um projeto era, sem sombra de dúvida, a preferida de um gestor. Ela refutou uma ideia minha alegando que o chefe não a aceitaria. Foi categórica nas objeções até eu lembrar-lhe que conhecia o supervisor há muito mais tempo que ela. Eu estava ansiosa para conversar com ele sobre minha ideia sem a interferência de uma intérprete autonomeada.

Tarefa
Marque um horário hoje para falar com um gestor sobre uma ideia que um leitor de mentes tenha menosprezado.

A alegação de acesso especial não passa de uma disputa pelo poder. Dá a impressão de que o funcionário tem um poder maior do que realmente tem. Ele pode inclusive se oferecer para transmitir suas preocupações ao gerente por saber como abordá-lo.

O melhor que você tem a fazer é recusar a oferta. Você não precisa que ninguém apele por você junto ao chefe. Você é o seu melhor advogado.

> No relacionamento com o chefe, não permita que histórias contadas por supostos intermediários falem por você.

124
Prepare-se para uma reunião com o chefe

Quando você finalmente resolver recorrer à ajuda de um gestor para enfrentar um adversário do escritório, adote uma atitude de gestor na reunião. Antes do horário marcado, pergunte ao supervisor o tempo de que ele poderá dispor. Prepare um roteiro ou lista de tópicos, principalmente se você estiver tenso, para abordar todos os assuntos necessários e respeitar as limitações de tempo do gestor.

> **Tarefa**
>
> Em um caderno ou arquivo de computador, liste os assuntos que deseja discutir com o chefe sobre um colega difícil. Classifique-os por ordem de importância.

Priorize os seus comentários e preveja as perguntas de acompanhamento, aconselha Marie McIntyre no livro *Secrets to Winning at Office Politics: How to achieve your goals and increase your influence at work* [Segredos do sucesso na política do escritório: como alcançar suas metas e aumentar a influência no trabalho]. "Comece com os assuntos mais importantes", sugere Marie, "e apresente-os rapidamente, mas esteja preparado para ser interrompido com perguntas após três frases. Os executivos não gostam de monólogos."

Seja sucinto. Você frustrará um gestor se ele tiver de ajudá-lo a focar e a fornecer uma solução. Diga ao supervisor como tentou atacar o problema. E informe sobre outras opções que você está considerando, principalmente as desagradáveis. Enfatize que você espera que ele possa sugerir opções melhores.

E o que é mais importante: mostre como o embate constante está afetando o seu trabalho. Não entre em detalhes da vida pessoal durante conversas desse tipo. Você passaria uma imagem antiprofissional.

> Uma base sólida ajudará você a entrar seguro em uma reunião com um gestor.

125
A força da gripe

Os funcionários que vão trabalhar doentes têm uma visão equivocada. É possível que descrevam seus esforços como "obstinados" e "dedicados". No entanto, os colegas e outros funcionários usariam termos bem diferentes. Os economistas chamam essa persistência tenaz de "presenteísmo", uma prática que representa para as empresas um custo altíssimo em perda de produtividade.

> **Tarefa**
>
> Se a sua empresa lhe der poucos dias de afastamento por causa de uma doença, peça permissão para formar um consórcio que permita que os funcionários com dias não utilizados os doem àqueles que estão doentes e não têm mais dias de licença para usar.

As perdas de produtividade no trabalho causadas pelo presenteísmo chegam a ser responsáveis por até 60 por cento dos custos totais das empresas em relação às doenças de funcionários, de acordo com um estudo realizado em conjunto pela Cornell University e pela empresa de informações sobre saúde Medstat.

Às vezes, os colegas vão se arrastando ao trabalho porque já esgotaram os dias de licença por doença ou porque, simplesmente, a empresa não oferece esse benefício. Mesmo assim, sugira educadamente aos colegas doentes que fiquem em casa para que possam se recuperar. Enfatize que, além de correr o risco de infectar outras pessoas, eles não conseguirão produzir muito.

Se persistirem em ir trabalhar ardendo em febre ou com tosse muito forte, converse com um gestor. Você poderia, inclusive, aproveitar a oportunidade para argumentar sobre a necessidade de aumentar os dias de licença por doença. Talvez a empresa precise oferecer mais dias de licença para manter o escritório mais saudável.

> "A cura está ligada ao tempo e, às vezes, também, às circunstâncias." *Hipócrates*, filósofo.

126
Cuidado com o manipulador

Há pessoas que adoram o jogo de manipulação. Em geral, os cordões que eles amarram à amizade permanecem invisíveis até que uma grande explosão os revela. É nessa hora que você percebe que, por trás da atitude de extraordinária solicitude e tolerância, reside a alma de um manipulador. Uma das mensagens subliminares que passam é: "Se vou me esforçar tanto por você, até mesmo evitando discordar dos seus pontos de vista, você deve retribuir o favor."

> **Tarefa**
>
> Siga as famosas regras da Nordstrom para seus funcionários: Regra nº 1: use o bom senso em todas as situações. Regra nº 2: não haverá regras adicionais.

Uma colega ficou enfurecida quando discordei dela em relação às origens do idioma inglês. Ela insistiu que o inglês era uma língua derivada do latim pelo fato de conter muitas palavras latinas.

"É um idioma germânico", enfatizei. Ela me disse que eu estava totalmente enganada e saiu bufando.

Essa discussão calorosa me fez perceber o alto preço de sua amizade. Em troca dessa amizade, eu não poderia discordar dela. Esse preço era alto demais para mim.

A melhor maneira de enfrentar manipuladores é com imparcialidade. Não concorde com eles porque são as melhores pessoas do mundo, ou parecerem ser. Dê a sua opinião sincera. Isso sempre revelará os cordões que utilizam.

> As amizades com preços exorbitantes não dão margem à pechincha.

127
A arte do bom humor

Uma resposta inteligente e bem-humorada faz maravilhas nas contendas com adversários. Com sagacidade, você pode neutralizar uma situação de tensão. Você fica mais animado, consegue desarmar o inimigo e pode até arrancar um sorriso dele.

> **Tarefa**
>
> Para manter a mente preparada para dar respostas inteligentes e bem-humoradas, anote aquelas que ouvir ou ler. Consulte-as de vez em quando para mantê-las vivas na memória.

Quando alguém criticar seus hábitos alimentares com arrogância, responda como Peter Burns: "Você é o que come, mas quem quer ser uma alface?" Ou, então: "Fome não se discute", uma frase atribuída a Harry Hopkins.

Todos temos a capacidade de dizer algo espirituoso. O problema é que, na maioria das vezes, pensamos em respostas inteligentes somente depois que o fato acontece. Essas respostas tardias são o que os franceses chamam de "espírito da escada". Elas ocorrem quando você desce a escadaria ao anoitecer.

Algumas pessoas parecem ter o dom natural de formular respostas desse tipo, mas talvez tenham apenas se empenhado mais em adquirir essa habilidade. A arte do bom humor é, de fato, uma habilidade.

Se você quiser adquiri-la, precisará de dedicação constante.

> Deixe respostas inteligentes à mão. Seu oponente não saberá de onde vieram.

128
Alerta vermelho: um colega deprecia você na frente do chefe

Alguns oponentes adoram ataques cirúrgicos. Os dicionários costumam definir esse termo como ataques militares sem aviso a um alvo específico. São potentes, principalmente quando atingem o alvo (você) na frente do chefe.

Na mente do agressor, quanto menor você parecer diante do chefe, maior ele parecerá. Quando o chefe estiver conversando informalmente com um grupo que inclua você e seu agressor, este contará, como fato engraçado, que você deixou um relatório sem folha de rosto, mas que ele solucionou o descuido. Também comentará que os números de telefone que você passou para ele estavam desatualizados e que, por isso, ele levou um tempo enorme para conseguir entrar em contato com um ex-cliente. Todas essas informações poderiam ter esperado uma conversa particular, mas não para alguém determinado a colocá-lo na pior condição possível.

> **Tarefa**
> "Todas as influências adversas e deprimentes podem ser superadas, não pela luta, mas elevando-se sobre elas." *Charles Caleb Colton*, jornalista esportivo britânico.

O melhor antídoto para essa forma extremada de comportamento antiprofissional é elevar o nível de profissionalismo. Agradeça ao acusador por tê-lo ajudado. Diga que espera ter a oportunidade de retribuir o favor algum dia e que o fará com grande satisfação. Com relação às informações supostamente incorretas, diga que as verificará novamente em busca de erros. Mas dê um dever de casa ao seu acusador. Peça que verifique se anotou os números corretos. Em seguida, informe que, se você tiver cometido algum erro, terá o maior prazer em enviar informações para corrigir o problema. Depois disso, retome a conversa com o chefe. Essa abordagem integrada colocará você na melhor condição possível.

> Seus inimigos nunca o acusarão de agir com excesso de profissionalismo.

129
Que perfeição desnecessária!

O único colega de quem já ouvi estatísticas constantes sobre o tempo mínimo de um exercício físico era um sedentário de carteirinha. Ele pretendia chegar ao tempo mínimo diário (45 minutos, na ocasião) para alcançar o exercício ideal. Mas, como não conseguia passar de 0 a 45 com perfeição, o único exercício escolhido foi o uso do controle remoto.

> **Tarefa**
>
> "A busca da excelência é motivadora; a busca da perfeição é desmoralizante." *Harriet Braiker*, psicóloga e consultora em gestão.

É assim que costuma funcionar o perfeccionismo. Ele pode, simplesmente, levar à paralisação. Quando se trabalha com um perfeccionista, o resultado é, muitas vezes, um relacionamento longe de ser perfeito.

O perfeccionista tem dificuldade para cumprir prazos porque a busca da perfeição acrescenta tempo desnecessário ao trabalho. O medo de tomar uma decisão errada torna-o indeciso. A tentativa de chegar a um consenso poderá levar você à exaustão.

Para a sua tranquilidade, você terá de assumir um papel ativo em garantir o sucesso do projeto. Sugira uma lista de tópicos e um ritmo para criar certa dinâmica.

Diga ao perfeccionista que você valoriza o grande cuidado que ele tem com o trabalho, mas lembre que um trabalho entregue com atraso está longe da perfeição.

> O perfeccionismo tem, geralmente, pouco a recomendar.

130
Relacione-se com as qualidades dos colegas

No livro *Os quatro compromissos: um guia prático para a liberdade pessoal*, Don Miguel Ruiz afirma que um dos quatro segredos para uma vida feliz é ser "impecável com a sua palavra". Ou seja, sempre cumpra suas promessas. Pessoas que não mantêm a palavra podem ser fontes de total frustração no local de trabalho.

Chris tem dificuldade para tolerar as reuniões do comitê porque as pessoas não mantêm a palavra. A chefe de um comitê do qual ele foi convidado a participar distribuiu um pacote com material que ela desejava que o grupo analisasse antes da primeira reunião. No dia da reunião, um colega chegou extremamente atrasado e outros não haviam se dado o trabalho de ler o material. Chris teve vontade de gritar "por que vocês não param de desperdiçar o meu tempo?".

> **Tarefa**
>
> Quando você tiver de trabalhar em conjunto, faça um inventário das habilidades do parceiro. Anote as qualidades dele e utilize-as quando trabalharem juntos.

Você não pode mudar os colegas, mas pode mudar a maneira como se relaciona com eles para obter algo melhor do que decepção nos seus relacionamentos de trabalho. Faça sugestões que deem margem à manifestação das qualidades dos colegas, em vez das deficiências.

Um colega que tenha ótimas habilidades de pesquisa, mas que seja fraco em redação, poderá ser o parceiro perfeito em um projeto de dupla, contanto que ambos concordem que você assuma a redação. Um colega competente que costuma chegar atrasado deverá ser alocado para apresentar um relatório no final da reunião, não no começo. Todos temos pontos fortes e pontos fracos. Você ficará bem menos frustrado se contar com as promessas que seus colegas são capazes de cumprir.

> A frustração se relaciona com os pontos fracos de um colega; a eficácia, com os pontos fortes.

131
O colega hipersensível

Se você permitir, os colegas suscetíveis o manterão contra a parede. Esses funcionários têm baixa autoestima e veem ofensa em tudo o que você faz. Tudo de desagradável que acontece com eles é visto como uma ação premeditada de alguém.

> **Tarefa**
>
> Escreva em uma ficha para inspiração: "Quando o preço do perdão for alto demais, aprenda a viver sem ele."

Esqueci de retornar a ligação de uma ex-colega. Ela estava tendo dificuldade para conseguir emprego e precisava que eu lhe fornecesse algumas informações. Ela me acusou de estar sendo arrogante por não ter ligado de volta para ela. Mas eu simplesmente me esqueci de dar o telefonema. Quando liguei, não consegui convencê-la do contrário.

Todos nós já vivenciamos situações como essa. E a maioria das pessoas com quem cometemos esses descuidos os releva. Mas os descuidos significam grandes ofensas na mente do colega hipersensível.

Se você entrar na lista de indesejáveis de um colega assim, peça desculpas e pergunte se pode ajudar. Se ele responder com um "não!" vingativo, diga que está pronto para seguir em frente. E faça exatamente isso.

> É impossível agradar pessoas hipersensíveis. As expectativas delas estão sempre mudando.

132
Quando você é solicitado a organizar o relatório de um colega

Você pode ser solicitado a corrigir o trabalho de baixa qualidade de um colega. Se não enfrentar a situação com delicadeza, o colega poderá se transformar em adversário num instante.

Não conte com o gestor que solicitou o trabalho para amenizar a situação. Ele está sempre em busca do caminho mais fácil. Talvez não tenha pedido ao colega que revisasse o trabalho. E, agora, você herdará a tarefa. Quando isso acontecer, você ficará dividido entre atender às expectativas do chefe e preservar a amizade do colega.

> **Tarefa**
> Quando for solicitado a refazer o trabalho de um colega, convide-o para tomar um café e deixe claro que você não está tentando assumir o cargo dele.

Pergunte ao gestor se você pode informar o colega sobre essa tarefa. Quando for conversar com o colega, diga que terá prazer em dar a ele uma cópia da sua revisão. Se algumas partes do relatório estiverem bem-feitas, informe isso a ele e ao chefe. Procure responder com sinceridade às perguntas de seu colega sobre o motivo pelo qual o projeto foi passado para você. Essa sinceridade poderá perfeitamente ajudar a manter intacta a amizade.

> Mesmo quando recebe ordens superiores, você deve se esforçar para evitar transformar amigos em inimigos.

133
Ouça com atenção

O resultado financeiro de uma empresa depende do bom entrosamento dos funcionários para produzir um nível de produtos e serviços que não poderiam realizar sozinhos. Para o processo funcionar, você e seus colegas devem dominar a arte da concessão. Concessões a um intimidador ou a outros encrenqueiros do escritório é algo que, provavelmente, você jurou jamais fazer. Mas, no fundo, sabe que é necessário.

Tarefa

Em uma folha de papel, examine a antiga desavença que você tem com um colega e procure identificar uma possível concessão.

Um elemento fundamental da arte da concessão é entender o que o oponente está dizendo.

"Procure primeiro compreender, depois ser compreendido", aconselha Stephen Covey no livro *Os 7 hábitos das pessoas altamente eficazes*.

Ouça o argumento do seu adversário e, depois, apresente o seu. Escolha o melhor dos dois argumentos, e você terá um ponto de partida novo e mais sólido pelo qual ambos podem alegar crédito.

> Conceder, em latim, significa "ceder mutuamente". Essa mutualidade é o segredo do sucesso do trabalho de equipe.

134
Onde está o meu grampeador?

O escritório com baias reflete diferentes aspectos para diferentes pessoas. Os materiais de escritório são um bom exemplo. Para aqueles que têm o hábito de pegar objetos emprestados, o ambiente aberto de baias representa um verdadeiro bazar. Não importa se os objetos estão na mesa de outra pessoa.

> **Tarefa**
> Crie um arquivo on-line ou fichas para manter o controle dos objetos que os colegas pegam emprestados.

Aqueles que têm o hábito de pegar objetos emprestados não veem limites. Juram que devolverão os objetos logo. É claro que nunca fazem isso, e é aí que mora o problema.

O empréstimo não autorizado era tão crônico em determinada colega que, quando as pessoas não conseguiam encontrar objetos, ela era a principal suspeita. Era conhecida por pegar grampeadores e fitas emprestados e não devolvê-los. Não tinha a menor ideia de como incomodava as pessoas, que precisavam sair à procura dos próprios objetos.

Se você encontrar seus objetos na mesa de um colega que costuma agir assim, pegue-os e deixe para ele um recado firme, porém bem-humorado, para reforçar a necessidade de se respeitarem os limites: "Não me importo com empréstimo autorizado, mas com sequestro, eu me importo."

Insista para que a pessoa peça a sua permissão antes de retirar objetos da sua mesa. Como em uma biblioteca, quando colegas pegarem materiais como livros ou revistas emprestados, determine por quanto tempo poderão ficar com eles. Agradeça quando devolverem os materiais no prazo determinado. Incentive esse comportamento.

> "O gênio toma emprestado com nobreza", afirma Ralph Waldo Emerson. E também empresta com nobreza.

135
Reconheça quando estiver errado

Admitir o próprio erro talvez seja a última coisa que você deseja fazer na frente de um adversário do escritório. Mas, se acusar alguém de espalhar um boato maldoso e descobrir, posteriormente, que a acusação é falsa, você deve a essa pessoa um pedido de desculpas. Talvez se sinta tentado a resistir à ideia por acreditar ser seu colega incapaz de ter a mesma consideração com você. No entanto, se seguir a mesma cartilha do inimigo, estará se igualando a ele.

> **Tarefa**
>
> Se você achar difícil admitir o seu erro a um adversário, compre um belo cartão e faça o seu pedido de desculpas por escrito.

Você poderia fingir que o incidente nunca aconteceu, mas isso apenas prejudicaria ainda mais um relacionamento que já é tenso. E o que é pior: a sua recusa em corrigir o erro cometido permitiria que seu inimigo representasse o papel de vítima no escritório. Isso é a última coisa que você deseja. "Coloque um patife em evidência, e ele agirá como um homem honesto", afirmou Napoleão Bonaparte.

Não espere compaixão quando pedir desculpas. Afinal, a pessoa é uma pedra no seu sapato que dificilmente se transformará em uma roseira simplesmente porque você se desculpou. Não se importe com isso. O pedido de desculpas tem mais a ver com você mesmo. Assim, demonstra que é sincero e corajoso o suficiente para admitir as próprias falhas.

> Admitir o próprio erro a um adversário é um ato de muita coragem.

136
Você não está sozinho

Às vezes, você se vê enfrentando colegas difíceis em diversos lugares e se pergunta se o mundo perdeu a coletividade. Não, não perdeu. É simplesmente ríspido e piora a cada minuto.

Um estudo realizado pelo grupo sem fins lucrativos Public Agenda constatou que 79 por cento dos norte-americanos acreditam que a rispidez (definida como falta de respeito e de cortesia) é tão grave que poderia ser considerada um problema nacional. Além disso, 60 por cento dos entrevistados acreditam que a situação está piorando.

Tarefa

Siga este conselho: "Nada na vida deve ser temido, apenas compreendido." *Marie Curie*, cientista polonesa.

"Nossa sociedade contribuiu para que as pessoas se tornassem mais ríspidas", afirma Karen A. Solomon, uma psicoterapeuta de Commack, Nova York.

As mulheres que trabalham sentem, com certeza, as pressões que ocasionam a descortesia. "Elas correm para o trabalho, pegam os filhos, levam para os compromissos e correm para casa. Têm tantas tarefas que acabam esquecendo gestos simples de cortesia."

Os estudos apontaram outros motivos para o aumento da incivilidade: aumento das cargas de trabalho e medo de perder o emprego. A tendência das empresas de terceirizar serviços e exigir mais produtividade dos funcionários indica que o problema da rispidez deve piorar.

Por isso, não se culpe pelos colegas difíceis. Antes de entrar no escritório, vista o que os psicólogos chamam de "equipamento de mergulho emocional".

> Você pode sair de um emprego, mas nunca escapará de colegas difíceis.

137
Cuidado com os minimizadores

Allison mudou sua visão a respeito de uma colega que havia sido severamente criticada por uma vizinha de baia por falar muito alto. A mulher que fez a crítica disse a Jessica, amiga de Allison, que ela falava alto e era indelicada. Quando Jessica contou a Allison que achava aquela mulher maldosa, Allison simplesmente concluiu que aquilo não passava de um mal-entendido, pois Jessica realmente tinha o hábito de falar alto. Allison a incentivou a esclarecer a situação.

> **Tarefa**
>
> "Solidariedade antes da crítica." Peça que seu filho ou filha com dons artísticos confeccione para você um marcador de livros com esse alerta.

Essa parecia ser uma boa ideia até que Allison pisou nos calos da mulher. Ela não conseguia ouvir o que o cliente dizia ao telefone porque a própria mulher que criticava o barulho estava conversando muito alto com outra colega. Allison pediu que elas falassem mais baixo. A outra afirmou em altos brados que Allison havia exigido uma consideração que ela mesma não estava disposta a retribuir.

Ficou claro para ela que a tal mulher era realmente "maldosa", como a amiga havia concluído. Allison sentiu-se mal por não ter dado apoio a Jessica e, mais tarde, foi se desculpar com ela.

Poucas pessoas se solidarizarão realmente quando você estiver passando por uma fase difícil. Se você tiver sorte, terá uma colega como Allison, que reconsiderará uma resposta inicial.

O mais provável, entretanto, é que você depare com pessoas críticas, que sempre minimizarão o seu sofrimento.

Não há nada que você possa fazer quanto a isso, mas pode evitar que a ignorância delas o domine. Se não concordarem com você, saiba que não é o fim do mundo. Mais cedo ou mais tarde, elas poderão mudar quando encararem um tirano por outro ângulo.

> A menos que o objetivo seja emagrecer, cuidado com os minimizadores.

138
Foque nas qualidades

Um ex-colega adorava dar ideias para histórias. Ele tinha muita leitura e conhecimento, e adorava estar bem informado sobre todos os assuntos. A insegurança, entretanto, o impedia de aceitar sugestões de outras pessoas. Ele rejeitava ideias de histórias de outras pessoas por considerá-las ultrapassadas, sem importância ou irrelevantes. Eu me aborreci várias vezes por ele ter criticado ideias minhas. Houve um momento em que, por pouco, não jurei recusar para sempre sugestões dele.

Tarefa
Anote as qualidades e os defeitos de um funcionário irritante. Avalie se você consegue manter um relacionamento cordial concentrando-se nas qualidades.

Mas logo percebi que essa estratégia seria insensata. Por que eu haveria de me desligar de uma fonte confiável de ótimas ideias? Resolvi, então, manter aberto esse canal de abastecimento. Se ele quisesse se desligar de fontes de histórias, isso seria um problema para ele enfrentar (possivelmente, com o psiquiatra), mas não eu.

> No relacionamento com colegas de trabalho, a estratégia do "tudo ou nada" pode ser desfavorável para você.

139
Quando um adversário pede um favor

A necessidade de trocar informações é constante em um escritório. Por isso, mais cedo ou mais tarde, um inimigo pedirá a sua ajuda. Obter informações pode ser fácil. Decidir quais informações fornecer é outra história.

Uma ótima regra prática seria a seguinte: se as informações solicitadas pelo colega o ajudarão a realizar o trabalhado dele, forneça-as. Profissionalmente, você quer ser visto como um facilitador, não como um obstrucionista, que talvez seja o papel adotado pelo seu colega. Se o seu gestor souber do relacionamento tenso entre você e o funcionário difícil, informe com delicadeza que você superou as diferenças para ajudar o colega.

> **Tarefa**
>
> Quando um adversário pedir um favor, avalie a maneira mais rápida e eficiente de atender e tome a decisão adequada.

Se as informações que seu adversário está buscando estiverem relacionadas a um assunto pessoal dele, você deverá avaliar se deseja ser prestativo. Você não tem obrigação moral alguma de oferecer ajuda a alguém que sempre a recusou.

> Quando um adversário pedir um favor para realizar um trabalho, lembre-se de que o profissionalismo determina que você ofereça ajuda.

140
Como lidar com o abusado

Em uma festa do escritório, se você observar um colega bebendo demais ou agindo como bêbado, avise a um supervisor. Muitas empresas tomam providências em relação a funcionários que extrapolam nessas ocasiões. Elas pagam a corrida do táxi para casa ou a pernoite em um hotel. Oferecer apenas café forte e se despedir não resolve o problema.

"Somente o tempo pode tornar alguém sóbrio", de acordo com as Mães Contra Motoristas Alcoolizados.

Embora as empresas normalmente exijam que supervisores fiquem atentos a funcionários inebriados em ocasiões festivas, os subordinados também devem fazer isso.

> **Tarefa**
>
> Para obter ajuda sobre como lidar com um colega embriagado em uma festa do escritório, converse com o seu departamento de RH ou faça uma pesquisa na internet.

Antes de falar com um supervisor, procure convencer o colega a não beber mais, oferecendo suco ou refrigerante.

Não permita que a diferença de idade ou de nível hierárquico impeça que você informe a um supervisor sobre o seu colega embriagado. No dia seguinte, assegure ao colega que você teve apenas a intenção de ajudar e que não comentará com ninguém sobre o incidente. Talvez a pessoa fique muito envergonhada para agradecer, mas isso não significa que não seja grata pelos seus esforços heroicos para, possivelmente, salvar a vida e o emprego dela.

> Poucas pessoas se arrependem de impedir um colega bêbado de dirigir.

141
Pedindo a um colega gestor que respeite seus subordinados

A gerente de uma clínica me escreveu relatando uma situação que o médico encarregado se recusou a resolver. Um novo sócio havia oferecido carona várias vezes a uma jovem. Ela aceitou a carona um dia, mas ficou tão chateada com o comportamento agressivo do médico que resolveu não ter mais contato algum com ele depois disso. Mesmo assim, ele continuou a oferecer carona e passou a ir com frequência até a mesa dela. Ficava de pé, muito próximo à jovem, tão perto que a situação se tornava ainda mais desconfortável. Ela confidenciou o problema à gestora da clínica. A gestora, então, pediu ao proprietário da clínica que conversasse com o tal médico, que não atendeu ao pedido. A jovem pediu demissão e, agora, a gestora está preocupada com a possibilidade de a ex-funcionária processar a clínica.

Tarefa

Tome a decisão de ter uma conversa difícil com um colega gestor. Anote os tópicos principais que deseja abordar.

Quando você for solicitado a resolver uma situação de comportamento inadequado de um colega gestor, saiba que o problema não desaparecerá se você não tomar uma providência. Na verdade, isso poderá agravá-lo ainda mais, caso o funcionário processe a empresa.

Quando for solicitado a falar com um colega gestor sobre o comportamento dele em relação aos seus subordinados, ele tentará desviá-lo do seu objetivo acusando-o de mimar os funcionários. Diga a ele apenas que você não está ali para discutir esse assunto e mande-o parar com o comportamento. Essa é a sua meta. Tudo o mais é bobagem.

> Confrontar um colega gestor por comportamento abusivo é uma situação muito difícil. No entanto, não confrontá-lo pode gerar grande remorso.

142
O colega desaparecido

Um contador que trabalhava em uma pequena empresa desaparecia durante algumas horas toda tarde. Ele nunca revelou o motivo pelo qual precisava se ausentar e nunca se deu o trabalho de verificar se os colegas poderiam precisar de informações quando ele estivesse ausente. Quando voltava, trabalhava de forma consciensiosa até mais tarde para compensar. Esse esquema era adequado ao seu estilo de vida noturno. No entanto, causava frustração na funcionária que me escreveu pedindo conselho, pois ele estava constantemente ausente quando o escritório precisava de orientação.

Quando você depender de colegas desatenciosos como esse, procure combinar um prazo que seja adequado a ambos para o envio de informações. Quanto às situações de emergência, peça que ele verifique o celular regularmente para o caso de o escritório precisar entrar em contato.

> **Tarefa**
> Ofereça-se para criar uma agenda com o celular de todos os funcionários para uso em caso de emergência.

Se a pessoa desaparecer repetidas vezes e não fornecer informações cruciais solicitadas pelo chefe, forneça os dados que você tiver, esclarecendo que a contribuição do outro funcionário não estava disponível. É possível que isso resulte em uma medida imediata no sentido de reduzir as ausências no período da tarde.

> Alguns funcionários não têm o menor pudor em deixar os colegas sem qualquer apoio. Encontre maneiras de evitar que essa falta de sensibilidade afete você.

143
Quando um funcionário problemático torna-se o seu chefe

Se existe o equivalente ao purgatório em termos de local de trabalho, você entra nele quando o seu maior pesadelo se torna o supervisor.

Isso pode acontecer. Muitas empresas promovem funcionários sem levar em conta suas deficiências, inclusive uma falta evidente de habilidades de gestão de pessoal.

Somente a metade dos executivos consultados pela empresa global de recursos humanos DDI afirmou estar satisfeita com as iniciativas de suas empresas em desenvolver líderes. Além disso, apenas 61 por cento considerava ter habilidades adequadas para "fazer aflorar o melhor nas pessoas".

> **Tarefa**
>
> "O mais efetivo modo de lidar com a mudança é ajudar a criá-la." *L. W. Lynett*, executivo da IBM.

Sua melhor ofensiva será sua melhor defesa ao lidar com a combinação de colega terrível e chefe terrível. Reúna-se com o gestor e pergunte o que você pode fazer para ajudá-lo. Sua nova situação exige que você estabeleça um bom relacionamento com o gestor para evitar que ocorram os mesmos problemas que você possa ter tido anteriormente com ele. Quando tiver uma ideia, associe publicamente o seu nome a ela assim que for possível. Redija um memorando ao chefe explicando a ideia e, se necessário, envie uma cópia a outros supervisores, com a intenção de compartilhá-la. Agir de forma proativa talvez seja a sua melhor arma para lidar com um antigo adversário que mudou de cargo, mas pode não ter mudado de personalidade.

> Quando um adversário se tornar chefe, estabeleça um bom relacionamento com ele.

144
Exija reciprocidade

Alguns colegas vivem segundo uma bondade invertida: "É melhor receber do que dar." Esperam que os outros cedam, mas raramente consideram a possibilidade de fazer o mesmo.

Rafael trabalhava em uma empresa de comunicação que recebia livros de negócios para resenhar. Um colega que coletava livros para a biblioteca local visitava, com frequência, o departamento de Rafael à procura de livros que estivessem sobrando. Rafael muitas vezes separava alguns exemplares para o rapaz, que os recebia com grande alegria.

> **Tarefa**
> Quando alguém retribuir um favor, envie um cartão ou e-mail dizendo o quanto valoriza a consideração dessa pessoa.

Um dia, Rafael estava trabalhando contra o tempo para cumprir um prazo e precisou desesperadamente do número de telefone de um pesquisador conhecido. Ouviu dizer que o coletor de livros poderia tê-lo. E ligou para ele. O coletor de livros disse que estava muito ocupado e que não poderia procurar o número de telefone. Ele nem sequer disse que ligaria de volta. Simplesmente despachou Rafael. Desde então, Rafael deixou de fazer qualquer esforço para separar livros. Ele pensava que havia reciprocidade no relacionamento, que era, na verdade, uma via de mão única.

Para estabelecer relacionamentos saudáveis no trabalho, você deve promover a reciprocidade. Caso contrário, acabará se sentindo usado.

> Para estabelecer um relacionamento sincero com um colega, promova a reciprocidade.

145
O rastro indelével

Um profissional de relações públicas visitava, com frequência, o escritório de um jornal para contar casos de clientes. Ele era mais notado pelo perfume que usava do que pelas ideias que apresentava. O excesso de perfume anunciava sua chegada e, infelizmente, só saía do local muito tempo depois. O perfume gerava muito burburinho depois que ele ia embora, mas ninguém tomava coragem para pedir que ele fosse mais comedido ao aplicar a terrível fragrância.

> **Tarefa**
>
> Se você não conseguir tomar coragem para pedir que um colega use menos perfume, envie uma mensagem anônima com um pedido educado.

Pessoas que usam perfumes cítricos ou florais muito fortes são fontes de distração no local de trabalho. Entretanto, em geral são as últimas a perceber os efeitos perturbadores do perfume que usam. Hoje, as fragrâncias são mais fortes porque os criadores querem que permaneçam por muito tempo. Por isso, basta usar uma pequena quantidade. Mas a maioria das pessoas não sabe disso.

É aceitável, portanto, que você se manifeste. O que você não deve fazer é ser excessivamente impositivo, dizendo algo como:

"Sou alérgico, não use mais esse perfume."

Em vez disso, procure usar de bom humor para explicar a sua solicitação: "Isso é vendido por litro?"

Ou, se você for alérgico a perfume, simplesmente peça que a pessoa use um pouco menos e agradeça por ela atender ao seu pedido.

> "De acordo com as liberdades garantidas pela Primeira Emenda, empestear o ambiente é uma forma de expressão protegida pela constituição [norte-americana]?" *Calvin Trillin*, escritor.

146
Diga não ao vendedor que circula no escritório

Já houve quem invadisse meu escritório para vender biscoito, bala, vitamina, utensílios de cozinha, maquiagem e até carne, esta de um ex-colega que se aposentou para cuidar de uma fazenda.

> **Tarefa**
> Sugira a um vendedor de escritório que deixe folhetos em um balcão com um aviso. Assim, todos poderão dar uma olhada e decidir, sem pressão, se desejam comprar algo.

Em um ambiente de escritório, a pressão para comprar produtos do vendedor ambulante pode ser grande. Quando outras pessoas estão comprando, você pode ter receio de ser rotulado como sovina se não fizer o mesmo. As diretrizes de compra responsável também se aplicam à compra no escritório. Se você não precisa ou não deseja o que o colega está vendendo, não compre.

Se comprar sob pressão, ficará ressentido se esse colega não comprar os biscoitos da sua filha escoteira.

Para acabar com a pressão, peça que o vendedor ambulante forneça um material impresso com informações sobre os produtos. Avise que lerá o material e entrará em contato se estiver interessado.

> Dentro ou fora do escritório, você é a única pessoa que deve decidir como usar o seu dinheiro.

147
Você é o chefe agora

O melhor final para a antiga desavença com um inimigo é uma promoção que torna você o supervisor dele.

> **Tarefa**
> Para se manter objetivo em relação às habilidades de um ex-adversário, anote as qualidades necessárias para determinado projeto e, em seguida, compare-as com as habilidades e experiências do funcionário. Se o funcionário se destacar, dê uma chance a ele.

Você se sentirá tentado a usar o novo poder para puni-lo por todo o sofrimento e tormento que ele lhe causou. Haverá a tentação em dar as piores tarefas ou avaliações, ou ignorar quando ele pedir ajuda no embate com os inimigos que ele mesmo tiver de enfrentar.

Não gerencie com base no passado ou no que você presume que acontecerá no futuro. Você está dando as ordens no relacionamento. Aja de forma coerente. Como faria com qualquer outro subordinado, distribua as tarefas com base nas habilidades, não na raiva. Deixe claro que, enquanto o funcionário não tomar providências para desenvolver as habilidades interpessoais que tanto lhe faltam, algumas tarefas permanecerão fora de cogitação.

> Quando você se tornar o chefe de um inimigo, comece bem o novo relacionamento promovendo avanços.

148
Se o chefe pedir, faça uma avaliação sincera de um colega

Se você for solicitado a dar sua opinião sobre um colega difícil, faça sempre uma avaliação sincera. Essa atitude ajuda o gestor a decidir o que precisa ser corrigido e o que deve ser mantido.

Essas informações são, provavelmente, mais preciosas do que você imagina. Se o executivo está perguntando, é possível que tenha a intenção de usá-las para tomar alguma medida. Muitos executivos fazem isso.

> **Tarefa**
> Antes de se reunir com um chefe que deseja indagar sobre um colega, anote os pontos positivos e negativos da pessoa. Mencione ambos.

Seja sincero. Atenha-se aos fatos. Uma avaliação negativa ou positiva sem justificativa não é útil para ninguém, muito menos para você. Se você exagerar nas observações, o gestor perceberá que não pode contar com você para obter a verdade pura e simples.

Se o colega, de um modo geral, não trabalha bem em equipe ou não é confiável, os supervisores que estão solicitando a avaliação precisam tomar conhecimento disso. Da mesma forma, se a pessoa se destaca em determinada tarefa, você também deve lhes informar isso. Enfatize os aspectos mais importantes da sua opinião.

> "Ser honesto não é nada, mas a reputação da honestidade é tudo." *William Congreve*, poeta inglês.

149
Se puder, evite temas polêmicos

Após uma animada reunião de departamento, Kenneth e alguns colegas continuaram a conversar em pequenos grupos no corredor. Um funcionário foi até o grupo de Kenneth e se intrometeu na conversa. Emitiu seus pontos de vista firmes, virou as costas e foi embora. O grupo ficou perplexo. Esperavam, pelo menos, que ele ficasse para ouvir a opinião deles sobre o assunto. Ficou claro que ele não estava interessado em outros pontos de vista.

Tarefa

"Lembre-se sempre de ajustar os seus pensamentos ao momento presente." *William Penn*, líder político americano.

Algumas pessoas beiram o fanatismo em relação a determinados assuntos e não toleram discordância. Ficam descontroladas, atacam o discordante ou simplesmente saem bufando. A atitude intransigente delas diante da vida pode abranger uma variedade de assuntos, como educação dos filhos, dieta alimentar, exercícios físicos, religião ou política.

Há quem ache que é preciso muita coragem para entrar em uma discussão polêmica e tentar converter o defensor ferrenho de uma ideia. E que evitar se envolver em temas polêmicos é uma atitude covarde. Na verdade, o que ocorre é exatamente o oposto. É preciso muita coragem para aceitar que você não pode ter uma discussão racional com um colega que tem uma ideia fixa. Quando descobrir quais são os assuntos espinhentos dessa pessoa, faça de tudo para não tocar neles.

> Procure evitar tocar em determinados assuntos com colegas fanáticos.

150
Crie um kit de primeiros socorros emocional

Quando lidamos com pessoas difíceis, ir para o trabalho é como ir para a guerra. Por isso, tenha sempre à mão um kit de primeiros socorros emocional. Esse kit oferecerá um conjunto de estratégias prontas para que você escolha o melhor caminho no campo de batalha do escritório.

> **Tarefa**
> Anote em uma ficha as ferramentas que serão incluídas no seu kit de ferramentas emocional.

Embora você possa ter considerado vários elementos separadamente, é chegada a hora de reuni-los como um grande arsenal. Nos momentos mais tensos, imagine-se colocando o kit na sua maleta ou bolsa enquanto se prepara para sair para o trabalho.

Os componentes básicos do seu kit devem incluir informações sobre os seguintes itens: abrigos seguros do escritório, aonde você pode ir para refletir após um encontro intenso, aliados a quem recorrer para obter conselho e apoio, e estratégias que ajudem você a permanecer calmo no meio da batalha. Você deve se esforçar para ter acesso a esse kit de forma consciente durante o dia como um lembrete de todos os recursos que estão ao seu alcance. Com uma caixa de ferramentas emocional, você terá mais sucesso na escolha da ferramenta certa para a batalha.

> "A grandeza não está em ser forte, mas em utilizar corretamente a força." *Henry Ward Beecher*, escritor e ministro religioso.

151
Quando a melhor estratégia é partir

Às vezes, a cultura da empresa em que trabalhamos é conflitante com nossos valores, principalmente se tolerar a incompetência ou a intimidação. Quando uma cultura não se adapta para acomodar seus valores, é hora de partir. Procure tomar a decisão de sair da empresa fora do contexto emocional. Se você se deixar confundir pelas emoções, vai se sentir egoísta por estar deixando um bom emprego. Sente-se e faça uma lista dos motivos que você tem para ir embora e para ficar. Tome a sua decisão com frieza e determinação.

> **Tarefa**
> Atualize o seu currículo e comece a pesquisar anúncios na internet e em jornais. Participe de sessões de troca de informações promovidas por associações comerciais para procurar um novo emprego.

Você não é a primeira pessoa que sai do emprego por causa de colegas difíceis e não será a última. Gestores e colegas difíceis são dois grandes motivos para as pessoas saírem das empresas. Se a cultura da empresa fomenta o comportamento ríspido em relação às mulheres ou às minorias, é hora de partir. Se, apesar dos seus protestos junto à gerência, um adversário volta a se comportar de forma inadequada, está na hora de ir embora e buscar reparação fora da empresa.

Se você precisa enfrentar a mesma batalha várias vezes, isso é sinal de que está trabalhando em um ambiente que contraria seus princípios. Como último ato, você deve elaborar uma estratégia de saída.

> Quando você se sente deslocado pelos motivos errados, é hora de partir.

Sumário

Como usar este livro — 5

1. Estabeleça uma política de tolerância zero — 7
2. Não deixe que pessoas difíceis definam as regras do escritório — 8
3. Aprenda a lidar com funcionários difíceis — 10
4. Não espere a Festa do Chá de Boston — 12
5. Aprenda a escutar — 13
6. Elabore uma solução em conjunto — 15
7. Acompanhe a execução de um plano de ação — 16
8. Que traço de personalidade está em questão? — 18
9. Certifique-se de que o funcionário entende o que é dito — 19
10. Experimente o bom humor — 21
11. Acredite que as pessoas podem mudar — 22
12. Agradeça pela cooperação — 23
13. Domine a arte das conversas difíceis — 25
14. Treine seus gestores na arte das conversas difíceis — 26
15. Não promova a mediocridade — 27
16. Peça conselho a outros empresários — 29
17. Controle familiares difíceis — 30
18. Seja coerente com o que fala — 32
19. Enfrentando a resistência às horas extras — 33

20. Lidando com acumuladores de informação 35
21. Saiba quando consultar um advogado ou outros especialistas 36
22. Não leve os problemas para casa 38
23. Quando um funcionário ameaça usar a violência 39
24. Aos intimidadores, ofereça opções, não apenas objeções 40
25. Documente os encontros difíceis 41
26. Monitore os telefonemas de funcionários difíceis 43
27. Recompense funcionários que neutralizam situações de tensão 44
28. Escritório não é creche 45
29. Use pedidos infundados para iniciar conversas 47
30. Contrate com inteligência 48
31. Demita com inteligência 49
32. Incentive os funcionários a informá-lo sobre colegas problemáticos 51
33. Não tenha medo de criticar gestores problemáticos 52
34. Quando um funcionário problemático pede demissão 53
35. Estabeleça um sistema de registro de reclamações 55
36. Dê o exemplo 56
37. Incentive os gestores a comunicar problemas aos superiores 57
38. Não generalize as repreensões 59
39. Não trate um funcionário difícil como filho 60
40. Procure focos de conflito nas equipes 61

41. Remova um membro da equipe se necessário — 63
42. Analise as entrevistas de desligamento — 64
43. Quando funcionários resistem a mudanças — 66
44. Não permita que gestores falem mal de funcionários — 67
45. As maiores ausências do planeta — 68
46. A carga de trabalho está equilibrada? — 70
47. Não desmoralize seus gestores — 71
48. Não se esqueça dos outros funcionários — 72
49. Socorro! Como encontrar um advogado — 74
50. Consulte o programa de assistência ao funcionário — 75
51. Faça uma pausa — 77
52. Acabe com os furtos — 78
53. Varie suas táticas — 79
54. Proponha hábitos de trabalho melhores — 80
55. Dê mais treinamento aos funcionários — 82
56. Não reaja de forma automática — 83
57. O romance prejudica os negócios? — 84
58. Como enfrentar o triste fim do romance dos subordinados — 85
59. Como lidar com um funcionário que não se veste adequadamente — 86
60. Um alerta aos atrasados — 88
61. Use a avaliação como instrumento de transformação para funcionários problemáticos — 89
62. Previna os funcionários sobre o uso inadequado do computador e da internet — 90
63. Corte pela raiz o favoritismo dos gestores — 91
64. Afaste gestores abusivos — 93
65. Quando funcionários pedem dinheiro emprestado — 94

66. Por que é importante pedir desculpas — 95
67. Lembre os funcionários da cadeia de comando — 96
68. Exija treinamento em sensibilidade — 98
69. Lembre-se: "Esta é a sua função" — 99
70. Não se deslumbre com as estrelas — 101
71. Saiba quando aceitar suas perdas — 102
72. Desestimule o comportamento workaholic — 103
73. O que eu ganho com isso? — 105
74. Peça uma autoavaliação aos transgressores — 106
75. Comemore as transformações — 108
76. Evite os assediadores — 109
77. Desestimule piadas racistas — 110
78. Como pedir a um colega que arrume a baia — 111
79. Não leve disputas para o lado pessoal — 113
80. Como conversar com um colega sobre falta de higiene — 114
81. Procure ensaiar antes do grande confronto — 116
82. Como fazer os colegas respeitarem o seu tempo — 117
83. Não ponha lenha na fogueira — 118
84. Não deixe as P.D.s desanimarem você — 120
85. Descubra o ponto fraco do colega que procura suas falhas — 121
86. Conheça os seus direitos no local de trabalho — 122
87. Enfrente os intimidadores — 124
88. Estabeleça regras para reuniões de equipe calorosas — 125
89. Exponha o traidor — 126
90. Quando um colega se recusa a cooperar — 128
91. Desafie o queixoso crônico — 129
92. O celular inconveniente — 131
93. Como manter a privacidade em telefonemas confidenciais — 132

94.	Visualize o sucesso	134
95.	Como encarar uma festa de aniversário surpresa	135
96.	Que almoço nojento!	136
97.	Como lidar com o inconveniente crônico	138
98.	Não deixe que um colega agressivo comande a reunião	139
99.	Fique atento à diferença de gerações	141
100.	Desestimule a fofoca	142
101.	Oferecendo ajuda	144
102.	Domando o monstro da inveja	145
103.	Certifique-se de que o chefe conhece a sua versão dos fatos	146
104.	Recuperando-se de uma falha	148
105.	Fortaleça sua autoestima	149
106.	Peça conselho a um colega	150
107.	Solicite reforço	152
108.	Abrande a crítica com um elogio	153
109.	Recuse e-mails ofensivos	154
110.	Mude de lugar se for preciso	155
111.	Conheça o eremita do escritório	156
112.	Escolha as suas batalhas	157
113.	Que tormento, vou viajar	159
114.	Quando recorrer à ação judicial	160
115.	Recuperando a confiança	161
116.	Estabeleça rituais de enfrentamento	162
117.	Cuidado com o falso confidente	163
118.	Torne-se um líder natural	164
119.	Promova o respeito	165
120.	Torne-se um mediador entre seus colegas	167
121.	Quando um colega não paga a dívida	168

122. Divirta-se apesar da turma do contra — 170
123. Cuidado com o "leitor de mentes" — 171
124. Prepare-se para uma reunião com o chefe — 172
125. A força da gripe — 174
126. Cuidado com o manipulador — 175
127. A arte do bom humor — 177
128. Alerta vermelho: um colega deprecia você na frente do chefe — 178
129. Que perfeição desnecessária! — 180
130. Relacione-se com as qualidades dos colegas — 181
131. O colega hipersensível — 183
132. Quando você é solicitado a organizar o relatório de um colega — 184
133. Ouça com atenção — 185
134. Onde está o meu grampeador? — 186
135. Reconheça quando estiver errado — 188
136. Você não está sozinho — 189
137. Cuidado com os minimizadores — 190
138. Foque nas qualidades — 192
139. Quando um adversário pede um favor — 193
140. Como lidar com o abusado — 194
141. Pedindo a um colega gestor que respeite seus subordinados — 196
142. O colega desaparecido — 197
143. Quando um funcionário problemático torna-se o seu chefe — 199
144. Exija reciprocidade — 200
145. O rastro indelével — 202
146. Diga não ao vendedor que circula no escritório — 203
147. Você é o chefe agora — 204

148. Se o chefe pedir, faça uma avaliação sincera de
    um colega   206
149. Se puder, evite temas polêmicos   207
150. Crie um kit de primeiros socorros emocional   208
151. Quando a melhor estratégia é partir   210

ATENDIMENTO AO LEITOR E VENDAS DIRETAS

Você pode adquirir os títulos da Viva Livros através do Marketing Direto do Grupo Editorial Record.

- Telefone: (21) 2585-2002
  (de segunda a sexta-feira, das 8h30 às 18h)
- E-mail: mdireto@record.com.br
- Fax: (21) 2585-2010

Entre em contato conosco caso tenha alguma dúvida, precise de informações ou queira se cadastrar para receber nossos informativos de lançamentos e promoções.

Nossos sites:
www.vivalivros.com.br
www.record.com.br

EDIÇÕES VIVA LIVROS

Alguns títulos publicados

1. *Ame-se e cure sua vida*, Louise L. Hay
2. *Seus pontos fracos*, Wayne W. Dyer
3. *Não se deixe manipular pelos outros*, Wayne W. Dyer
4. *Saúde perfeita*, Deepak Chopra
5. *Deus investe em você e Dê uma chance a Deus*, Hermógenes
6. *A chave mestra das riquezas*, Napoleon Hill
7. *Dicionário de sonhos para o século XXI*, Zolar
8. *Simpatias da Eufrázia*, Nenzinha Machado Salles
9. *Nascido para amar*, Leo Buscaglia
10. *Vivendo, amando e aprendendo*, Leo Buscaglia
11. *Faça sua vida valer a pena*, Emmet Fox
12. *QS: Inteligência espiritual*, Danah Zohar e Ian Marshall
13. *O poder do subconsciente*, Joseph Murphy
14. *A força do poder da fé*, Joseph Murphy
15. *O poder cósmico da mente*, Joseph Murphy
16. *Telepsiquismo*, Joseph Murphy
17. *Como atrair dinheiro*, Joseph Murphy
18. *Cuidando do corpo, curando a mente*, Joan Borysenko
19. *Terapia de vidas passadas*, Célia Resende
20. *Passos de gigante*, Anthony Robbins
21. *Codependência nunca mais*, Melody Beattie
22. *Para além da codependência*, Melody Beattie
23. *Não diga sim quando quer dizer não*, H. Fensterheim e J. Baer
24. *101 coisas que não me contaram antes do casamento*, Linda e Charlie Bloom
25. *Encontros com médiuns notáveis*, Waldemar Falcão
26. *Autoestima*, Christophe André e François Lelord
27. *Reiki para todos*, Roberto King e Oriel Abarca
28. *151 dicas essenciais para reconhecer e recompensar colaboradores*, Ken Lloyd

Este livro foi composto na tipologia Minion Pro Regular, em corpo 11/13,5, e impresso em papel off-set 56g/m² no Sistema Cameron da Divisão Gráfica da Distribuidora Record.